AF250807

LA
VÉRITÉ SUR L'ALGÉRIE

PARIS

IMPRIMERIE BALITOUT, QUESTROY ET Ce,

7, rue Baillif, et rue de Valois, 18.

LA VÉRITÉ

SUR

L'ALGÉRIE

PAR

A. DUCROT

DÉPUTÉ DE LA NIÈVRE

PARIS

E. DENTU, LIBRAIRE-ÉDITEUR

GALERIE D'ORLÉANS, 17 ET 19, PALAIS-ROYAL

—

1871

AU GÉNÉRAL DE DIVISION

DUC D'AUMALE

EX-GOUVERNEUR GÉNÉRAL DE L'ALGÉRIE

Monseigneur,

Il y a trente ans, près de Milianah, le lieutenant-colonel du 24ᵉ de ligne invoquait le bénéfice de l'article 19 de la loi du 17 avril 1832 (1), en faveur d'un jeune et obscur lieutenant qui, sous ses yeux, avait eu l'heureuse chance de lutter corps à corps avec quelques kabiles.

Six mois plus tard, le lieutenant-colonel du 24ᵉ de ligne, devenu colonel du vaillant 17ᵉ léger, annonçait au jeune lieutenant que le Roi avait daigné le nommer capitaine, et il voulait bien ajouter : « Je suis heureux d'avoir pu con- » tribuer à cette promotion, car, j'en suis certain, vous » saurez justifier ce choix exceptionnel. »

Ai-je confirmé cette bienveillante opinion, point de dé-

(1) Article 19 de la loi du 17 avril 1832 : Il ne pourra être dérogé aux conditions de temps imposées par l'article 18, pour passer d'un grade à un autre, si ce n'est pour action d'éclat duement justifiée et mise à l'ordre du jour de l'armée..... (*Note de l'éditeur.*)

part de ma fortune militaire? Il ne m'appartient pas de l'apprécier.

Mais ce que je puis affirmer hautement, c'est que, sous la Royauté, sous la République, sous l'Empire et sous la République encore, j'ai fidèlement servi mon pays, sans jamais avoir obéi à d'autre mobile qu'au sentiment du devoir.

Le 30 novembre 1870, je n'avais le cœur ni moins ardent ni moins dévoué que le 3 mai 1841, lorsqu'au plateau de Villiers j'entraînais mes tirailleurs au milieu des bataillons ennemis, et je brisais mon épée de général en chef dans le corps d'un soldat de l'armée Allemande.

Aujourd'hui que notre patrie en deuil s'inquiète du présent et plus encore de l'avenir; que la malheureuse Algérie, après avoir partagé nos grandeurs et nos prospérités, partage aussi nos désastres, ma pensée se reporte bien naturellement vers cette terre d'Afrique, témoin de nos premières armes, alors que j'avais l'honneur de servir sous les ordres de Votre Altesse.

Qu'il me soit permis d'invoquer ces souvenirs si chers de la jeunesse pour solliciter l'autorisation de dédier ce modeste travail à l'ancien lieutenant-colonel du 24ᵉ, à l'ancien Gouverneur Général de l'Algérie.

Daignez agréer,

Monseigneur,

L'assurance de mon respectueux dévouement,

Général A. DUCROT.

Versailles, 16 août 1871.

AVANT-PROPOS

Le travail que nous nous décidons à livrer à la publicité se divise en deux parties (1) :

La première partie est un Mémoire officiel que nous avons eu l'honneur de présenter à l'Empereur à la fin de mai 1865. Sa Majesté a daigné en citer quelques passages dans sa lettre mémorable, du 20 juin 1865.

Depuis cette époque, le fond de la situation n'a pas changé,

(1) Ces lignes ont été écrites à la fin de 1869, à la demande d'autorisation de publication adressée au ministre de la guerre, il a été répondu par la lettre suivante :

A Monsieur le général Ducrot, commandant la 6ᵉ division militaire, à Strasbourg.

« Paris, le 6 janvier 1870.

» Général,

» J'ai examiné, avec la plus grande attention, le travail que vous m'avez fait l'honneur de me communiquer, en me demandant l'autorisation de le publier.

» Ce travail contient certainement des observations d'une haute portée, mais on y trouve des appréciations qui, se produisant sous le nom d'un officier général de votre valeur, ne seraient pas sans présenter de sérieux inconvénients, alors que le Gouvernement lui-même s'occupe de résoudre, dans le sens le plus favorable aux intérêts de l'Algérie, les questions si délicates en ce moment à l'étude.

» Je ne puis donc que vous engager à renoncer à la publication de votre manuscrit, que j'ai l'honneur de vous renvoyer ci-joint.

» Recevez, Général, l'assurance de ma considération la plus distinguée.

» *Le ministre secrétaire d'État de la guerre,*

» Signé : général LEBOEUF. »

mais certaines des vérités que nous cherchions à mettre en lumière se sont plus accentuées, et quelques-unes de nos prévisions se sont malheureusement réalisées, notamment celles relatives à la réaction militaire qui venait de se produire à cette époque et qui, disions-nous, ne pouvait manquer d'amener promptement une réaction dans le sens opposé.

La deuxième partie vient d'être rédigée récemment sur des notes recueillies en 1849 et 1850, lorsque nous étions directeur des affaires arabes de la province d'Alger.

En ce moment (1), bien des gens traitent cette question Algérienne sans en connaître le premier mot ; l'opinion publique est singulièrement troublée et égarée par les déclamations de quelques individualités qu'aveuglent la passion et les intérêts personnels ; elle est séduite par les racontars de quelques touristes qui, ayant vu l'Algérie au pas de course, sur les grandes routes et dans quelques centres Européens, ont cependant l'incroyable présomption de juger en dernier ressort un pays et des populations si difficiles à connaître.

Sous la pression de cette opinion publique, l'on semble prêt à céder et à entrer dans une voie nouvelle qui, croyons-nous, doit aboutir fatalement à un désastre et à la ruine d'une noble entreprise. Sans nous dissimuler combien il est difficile de résister à certains entraînements du moment, nous tenterons cependant de jeter une pierre sous la roue, et pour cela nous nous efforcerons de mettre au grand jour certains faits, certaines observations de nature à rectifier bien des erreurs.

Revenu d'Algérie depuis peu de temps, n'ayant aucun désir d'y retourner, nous croyons être en excellente situation pour juger les choses avec une parfaite liberté d'esprit et une impartialité absolue.

____

(1) Allusion à la mission de M. Le Hon, dont le rapport venait d'être publié.

LA
VÉRITÉ SUR L'ALGÉRIE

PREMIÈRE PARTIE

La question de l'Algérie est une question suprême...
« une question d'être ou de ne pas être ; elle se pose donc
» actuellement devant nous encore plus impérieusement
» qu'à l'origine : nous sommes sommés, par les nécessités
» et les exigences de la situation, de répondre, et cette
» fois dans tous ses termes, au problème posé par la
» France, qui ne peut plus, nous le comprenons, prodi-
» guer à l'avenir, sans compter, ses hommes et ses finances,
» car elle peut, aujourd'hui ou demain, avoir à dépenser
» les uns et les autres sur les champs de bataille de l'Eu-
» rope. Ce problème nous est donc de nouveau présenté
» en ces termes : Quelle est la meilleure organisation de
» l'armée en Algérie pour maintenir et assurer la pacifica-
» tion, protéger et garantir efficacement les nombreux
» intérêts épars dans le pays, au moindre effectif et aux
» moindres dépenses possibles. » (Général Walsin Este-

rahzy, *Notice historique sur le Makezen d'Oran*, 1849,
page 249.)

*Lettre du maréchal duc d'Isly à M. le colonel Walsin
Esterhzy.*

« 15 mars 1847.

» ... Il faut penser que, pendant de longues années, le
» pays sera toujours disposé à écouter tous les Bou-Maza
» qui se présenteront, et à se mettre à leur suite. Voyez,
» mon cher colonel, combien vos idées sages sont corro-
» borées par les faits passés et présents, et par les prévi-
» sions de l'avenir.

» ... Vous voulez ménager l'avenir, vous avez mille fois
» raison. Je connais des hommes qui raisonnent et agis-
» sent comme s'ils étaient maîtres des tempêtes, mais
» quand la bourrasque arrive, ils ne sont pas plus forts
» que les autres. »

I

Un mot des gouvernements qui nous ont précédés.

Les Turcs, nos prédécesseurs, ont occupé l'Algérie pendant une période de trois siècles. Ils dominaient le pays
avec une armée dont l'effectif a rarement atteint et jamais
dépassé le chiffre de 10,000 hommes.

Le gouvernement et l'administration étaient entre les
mains des chefs de cette armée, qui vivaient exclusivement
des ressources fournies par le pays, et en tiraient encore
d'assez forts impôts.

Il est probable que l'organisation turque présentait une

grande analogie avec le système militaire des Romains en pays conquis. Ceux-ci, en effet, n'avaient, dans la partie de l'Afrique devenue l'Algérie, qu'une douzaine de mille hommes de troupes vraiment romaines (la seule 3ᵉ légion campée à Lambèze); le reste de leurs forces consistait en troupes *indigènes*, gardiens de châteaux (*castricioni*), de fortins (*burgari*), contingents frontières (*limitanei*), etc. (1).

Cette presque identité de forces et de moyens entre les deux peuples, qui ont le plus longtemps et le plus sérieusement occupé le nord de l'Afrique, mérite d'être signalée. Elle n'est d'ailleurs pas la seule.

Voici trente-cinq ans que nous sommes établis dans l'ancienne Régence... et depuis trente-cinq ans elle nous demande une armée permanente de 60 à 100,000 hommes ; elle décime soit par le feu, soit par les maladies, nos soldats, nos officiers, sans toujours les instruire et les discipliner beaucoup.

Elle nous a coûté des centaines de millions... et malgré tous ces sacrifices, malgré 200,000 colons dont les milices

(1) Telle était l'organisation des bataillons frontières de l'empereur Justinien ; ce document d'histoire militaire mérite d'être particulièrement cité :

« Il nous paraît toutefois nécessaire que pour l'organisation des » frontières, il soit créé en sus des troupes mobiles distribuées dans » les forts, des troupes spéciales qui puissent défendre les forts et les » places de la frontière, en même temps qu'elles cultiveraient le sol, » en sorte que les autres provinciaux les voyant là, aillent s'y établir » aussi..... de façon, cependant, que si vous trouvez dans les pro- » vinces ou parmi les soldats qu'elles avaient antérieurement des » sujets convenables, vous en formiez un bataillon spécial pour chaque » frontière, afin que s'il y avait quelque mouvement, ces troupes » frontières puissent elles-mêmes, sans le secours des troupes mobiles, » défendre avec leurs chefs, les lieux où elles auraient été placées » sans s'éloigner beaucoup de la frontière..... »

. . . . (*Loi rendue aux Ides d'avril,* l'an 534, à Constantinople, sous le 4ᵉ Consulat de Justinien, envoyée à Bélisaire, maître de la milice en Afrique. Art. 8.)

et surtout la présence devraient ajouter une force réelle à notre domination, nous sommes, il est triste de le constater, loin d'être aussi solidement établis que ne l'étaient les Osmanlis (1).

On est généralement porté à attribuer ce résultat négatif aux causes religieuses, à la haine fanatique qui animerait les Musulmans contre les conquérants chrétiens. Les Arabes, répète-t-on incessamment, acceptaient les Turcs, parce que ces dominateurs étaient comme eux, sectateurs de Mahomet.

C'est une grave erreur.

Les Turcs étaient schismatiques par rapport aux Arabes.

Les premiers étaient *hanafi* et reconnaissaient pour chef le sultan de Constantinople, tandis que les seconds sont *maleki* et n'ont d'autre chef religieux que le sultan du Maroc. Les deux peuples se sont toujours réciproquement traités d'infidèles. Qui ne sait d'ailleurs que les rivalités de schisme à schisme sont plus haineuses et plus vivaces encore que celles de religions complétement opposées. Le mépris des Arabes pour les Kharedjistes (*Beni Mzabs*) en est aujourd'hui, sous nos yeux même, une preuve évidente.

Absolument comme nous, les Turcs étaient donc odieux aux Arabes, au double titre d'infidèles et de conquérants.

Toutes les insurrections qui ont éclatées sous la domination des Osmanlis ont eu, comme celles de notre temps, un mobile ou un drapeau religieux. Il nous suffira de rappeler Si Mohammed-bel-Harch, prétendu chérif marocain qui, en 1804, bouleversa la Régence et faillit s'emparer de

---

(1) M. Guizot disait un jour : L'Algérie c'est une école de patience.
— Non, dit M. Thiers ; c'est une école militaire.
— Oui ! ajouta M. de Broglie. Oui, enfin, c'est une ÉCOLE !

Constantine, et cet autre fanatique qui, en 1828, vint jusque sous les murs d'Oran.

De plus, le gouvernement des pachas était essentielle-
ment despotique, fourbe et prévaricateur. L'expression de :
« Turc à Maure », passée dans notre langue, résume la
politique des Osmanlis, non moins que cet autre dicton :
« Partout où passe un Turc, la terre demeure stérile pendant cent ans... »

Avec l'administration algérienne, les causes de mécon-
tentement étaient permanentes ; les abus, les exactions et
concussions de toute nature, la cruauté, étaient à l'ordre
du jour. Enfin, les pachas et les beys, les aghas et les janissaires, jaloux de conserver dans leur race le pouvoir
exclusif, ne s'associèrent aucun élément étranger analogue
à notre colonisation. Au contraire, ils poursuivirent
jusqu'aux fils de leurs alliances avec des femmes
arabes (1).

Pour eux, comme pour nous, il ne faut chercher les
causes de la conquête et du maintien de la domination que
dans la force des armes et le droit du plus fort... « Respec-
tez la force, car la force est une manifestation de Dieu sur
la terre ! » Ces paroles du célèbre commentateur Abi-Saïd,
sont presque un article de foi chez les Arabes.

Elles conviennent à la résignation absolue qu'inspire l'Is-
lam, et sont le secret de nombre de soumissions inatten-
dues ou de paix momentanées. Bien certainement les forces
régulières de nos prédécesseurs, déjà très-inférieures par le
nombre, l'étaient plus encore par la valeur, Sans vouloir
dénier au soldat osmanli ses qualités propres et toutes spé-

(1) La colonie de Zouattna ne saurait être invoquée contre ce que
nous avançons, car elle fut fondée par des fils de Turcs expulsés
d'Alger, pour avoir prétendu au pouvoir, et cantonnés moyennant
certains priviléges sur les terres de l'Oued-Zeiloum : elle était
Makhezen.

ciales, on reconnaîtra que les janissaires ne valaient pas nos excellents petits fantassins et que les chasseurs d'Afrique sont de beaucoup supérieurs aux cavaliers spahis.

C'est dans l'organisation du pays conquis, dans la répartition judicieuse des troupes régulières, dans l'emploi des auxiliaires indigènes qu'il faut chercher le secret de la force du gouvernement Turc. Ajoutons, en passant, qu'une des forces de ce gouvernement fut une ligne constante de politique dont il ne se départit jamais pendant trois siècles, malgré les révolutions multipliées et les catastrophes sanglantes qui ont amené la mort de presque tous les pachas.

Nous allons examiner rapidement quelle était cette organisation sous le double rapport politique et administratif. Quelle était la répartition des troupes régulières, et enfin ce qu'étaient ces auxiliaires si précieux. Puis nous comparerons leurs moyens d'action avec les nôtres ; de ce parallèle ressortira nécessairement les causes de notre impuissance.

II

Les Makhezen Turcs.

> La domination la plus assurée est celle qui est agréable à ceux-là même sur qui on l'exerce. (Tite-Live.)

Quiconque a suivi nos débuts en Afrique, les premières luttes de la conquête, nos tâtonnements politiques et administratifs, connaît les services brillants rendus à la cause française par les douairs et les smala de la province d'Oran (1), les Aribs, placés par les Turcs à la Maison

(1) Un général qui fut à la fois administrateur et écrivain distingué,

Carrée, les douairs et les Abids au Tittery. On ne s'explique vraiment pas comment nous avons pu détruire de nos propres mains de pareils éléments de force et d'autorité, un rouage aussi simple, d'un fonctionnement aussi facile et produisant cependant d'aussi grands résultats. Un fatal esprit d'innovation, des idées d'égalité et de libéralisme absurdes sur ce terrain, la manie d'une réglementation excessive et tracassière, ont inspiré l'idée de transformer ces forces indigènes en gendarmes maures d'abord, plus tard en régiments de spahis et de tirailleurs algériens. Organisation ruineuse, qui n'a pas rempli, tant s'en faut, le but des anciens makhezen, et n'a eu d'autres résultats que de nous procurer un effectif de sabres et de baïonnettes inférieur, comme valeur militaire, au recrutement national.

La composition des smala a pu, un moment faire naître l'idée d'une certaine analogie entre cette institution que nous allons rapidement examiner et celle des anciens makhezen (1).

On sait que ce sont des motifs purement politiques qui avaient d'abord donné lieu à l'organisation des spahis. On espérait, par ces créations, attirer des hommes appartenant aux familles influentes des tribus, se les attacher, les rendre par le frottement moins hostiles, et les renvoyer, après quelques années de service, civilisés par le contact avec l'élément français qu'on y avait introduit. Nous rendons hom-

---

M. Walsin Esterahzy, a retracé dans un excellent ouvrage, le « *Makhezen d'Oran,* » les services que rendirent à notre cause les douairs et les smala d'Oran.

Il avait proposé une organisation excellente reposant sur leur emploi. Le nom de cet officier général et ses idées se retrouveront souvent dans ce travail. Le livre de M. Esterahzy est un de ces ouvrages comme il en a été trop peu fait en Algérie et qui mérite à tous égards, maintenant plus que jamais, d'être tiré de l'oubli.

(1) Organisation du 1er mai 1862.

mage aux brillants services de guerre des tirailleurs algériens en Afrique, en Crimée, en Italie, en Cochinchine, au
Sénégal et au Mexique. Il est dificile d'en dire autant des
spahis; ces corps n'ont jamais rendu des services que les
régiments français n'eussent pu rendre.

Le rôle d'éclaireurs dans les pays que nous ne connaissons pas, les reconnaissances pour les renseignements à
fournir, la correspondance à travers les pays ennemis, les
escortes.... ces divers services ont toujours été faits et
pourront toujours être mieux faits et plus sûrement par les
cavaliers des makhezen marchant à la suite des colonnes (1).

On veut enrôler dans les escadrons smala des hommes
de grandes tentes, c'est-à-dire des cavaliers, des jeunes
gens de famille, qui ont l'horreur innée du travail manuel,
et qui, par leur position, ne connaissent d'autres occupations que la chasse, les courses à cheval, la fantasia en un
mot. Autant vaudrait à Paris, enrôler les membres du
Jockey-Club dans un escadron du train.

L'agriculture, l'enseignement de nos pratiques rurales,
sont une des bases sur lesquelles repose l'institution des
smala. Ces établissements doivent être pour les indigènes
des fermes-écoles où ils s'initieront à nos pratiques agricoles, à nos cultures perfectionnées, à l'usage de nos instruments aratoires. On ne saurait évidemment trop pousser les
indigènes dans la voie de l'agriculture, mais pour arriver
à ce résultat, il faut s'adresser à la population réellement
agricole, à celle qui travaille, aux fellahs et aux khammès et
non à ces cavaliers qui ont pour tout labeur la répugnance
instinctive des aristocraties guerrières. A cette observa-
tion, on objecte que si le spahi ne travaille pas lui-même,
il fera travailler son khammès. Erreur plus forte encore,
car les obligations du khammès sont parfaitement définies:

(1) Le général Walsin Esterahzy, le *Makhezen d'Oran*, page 261.

elles se réduisent à un seul labour, à la moisson et au dépi-
quetage. Hors de là, ne demandez rien au khammès, il
abandonne immédiatement la smala, sauf à y revenir, si,
dans sa tribu, on exige de lui quelque corvée. De là, nombre de réclamations pendantes entre les officiers chargés
des affaires indigènes et les commandants des smala, dont
les attributions en pareil cas, sont mal ou point définies ;
d'ailleurs, le passage du spahi ou de son khammès sur la
smala est trop éphémère pour qu'il soit possible de les attacher à cette œuvre. En effet, le spahi est lié par un en-
gagement de 3 ans, le khammès pour un an seulement ;
que faire en agriculture, en arboriculture surtout, dans un
si court espace de temps? Le résultat général est une quan-
tité d'abus, d'affaires litigieuses, où, par suite du conflit de
l'autorité, le commandement perd toujours un peu de son
prestige et la justice quelques-uns de ses droits.

Si on arrive jamais à tirer quelque service des spahis et
des smala, ce sera le jour, où, constitués en escadrons, ils
seront affectés à chaque cercle sous les ordres et la respon-
sabilité du commandant de ce cercle, et que, sous la surveil-
lance de ce commandant supérieur, le chef des spahis sera
chargé des affaires indigènes des tribus voisines. On ob-
tiendra alors les excellents résultats que produit toujours
un commandement unique et immédiat. L'expérience a
démontré les services rendus par les officiers de spahis,
à la fois chefs des affaires indigènes et des escadrons ;
ainsi le capitaine Marguerite à Teniet-el-hâad, le capitaine du Barrail à Blidah et à Boghar, etc. Ce serait, sans
aucun doute, un perfectionnement sérieux apporté dans
l'emploi des forces indigènes. Mais, disons-le tout de suite,
ce ne serait qu'une demi-mesure, bonne sur des points
exceptionnels et ne pouvant nulle part et en quoi que
ce soit, remplacer avantageusement l'ancienne organisation
des makhezen.

Celle-ci, en effet, nous offrirait des éléments de force morale et matérielle bien autrement supérieures et dont le moindre avantage serait de coûter quelques millions de moins que le système des smala. Nous donnerons dans les notes qui suivent ce travail, des renseignements détaillés et précis sur les résultats obtenus des régiments de spahis : nous nous bornerons à dire, que dans l'état actuel des choses, chaque spahi indigène coûte à l'État un peu plus de 2,000 francs (1).

Examinons maintenant ce qu'était l'institution des Makhezen, leur administration et ce qu'ils produisaient entre les mains deceux qui les avaient créés, les Turcs, nos prédécesseurs.

Makhezen, dans le sens précis du mot, signifie *Gouvernement* : Mokhazeni est l'homme du Gouvernement, l'agent faisant partie de la colonne chargée de l'impôt annuel, il était considéré à la fois comme agent du fisc et comme soldat.

Le Beylik du Tittery, dont on a formé la subdivision actuelle de Médéa possédait deux tribus Makhezen, appelées comme dans les autres provinces douairs et abids ou smala, suivant la tradition. Leur fondation remonte à Kheir Eddin pacha, qui voulait par leur établissement se former une base solide et permanente de troupes auxiliaires ayant à la fois l'influence politique du commandement et l'influence militaire de la force, tout en créant par les priviléges dont cette force était revêtue, une source constante d'antagonisme entre les tribus arabes.

Dans le principe, tout chef de tente qui venait s'établir avec sa famille sur le territoire des douairs ou des abids, était immédiatement inscrit comme cavalier du makhezen. Il recevait un cheval et un fusil. La nourriture et le

(1) Voir note A.

harnachement du cheval restaient à la charge de l'inscrit. A la mort du cavalier, s'il n'avait personne pour le remplacer dans son service actif, son cheval et son fusil étaient repris par l'État.

Le makhezen était donc fixé à vie sur ce territoire où il était attaché par ses intérêts et retenu par les jalousies des tribus voisines; à la longue, ces smalas, composées d'éléments si hétérogènes, avaient fini par former de véritables tribus parfaitement compactes et homogènes.

Le mokhazeni était l'exécuteur des ordres de l'autorité, à laquelle il était en quelque sorte inféodé. Enfin, comme auxiliaire, il remplissait le premier rôle : un douair, une fraction de tribu refusait-il l'obéissance? aussitôt le bey dépêchait une petite colonne de mokhazeni chargée de faire rentrer les récalcitrants dans le devoir.

On ménageait ainsi l'emploi décisif des troupes régulières, et on épargnait tout échec à l'autorité supérieure qui n'intervenait qu'en dernier ressort.

L'institution des makhezen constituait donc le principal moyen de l'autorité des beys ; c'était un moyen pratique et économique, politique et militaire de domination.

Les douairs et les abids composaient, avons-nous dit, le makhezen de l'ancienne province de Tittery.

Sous les derniers beys, ces tribus pouvaient fournir un effectif de 600 cavaliers, pendant l'absence desquels les fantassins, presque tous parents ou khammès des Mokhazeni, étaient chargés de la garde du territoire des smala. Les abids avaient en outre l'honneur de fournir exclusivement les mekahlia ou gardes du corps du bey. Ces cavaliers, au nombre de 15, étaient commandés par le Bach-Mekahli.

Les makhezen et smala en étaient arrivés à faire partie intégrante du gouvernement turc. Instruments de despotisme de ce gouvernement, lors de sa chute, ils assumèrent sur leurs tribus toutes les haines et les vengeances depuis longtemps comprimées. Partout ils furent en butte aux hostilités des tribus Raïa ; les marchés leur furent fermés. Dans le Tittery, les douairs et les abids durent lutter les armes à la main contre toutes les tribus coalisées. Ils furent contraints d'ouvrir un marché sur leur territoire, tous les autres leur étaient rigoureusement défendus. Dans le haut Sebaou, les Amraoua furent dans une position analogue. Partout où l'action des makhezen s'était fait sentir, ils trouvèrent des ennemis. C'était bien ce sur quoi les Turcs avaient compté : car ils gouvernaient les Arabes au moyen de ce que nous pourrions appeler l'*antagonisme*. Au lieu de payer leurs administrateurs, ils s'en faisaient payer ; ils avaient émancipé leurs auxiliaires, ils les avaient *élevés*. Pour qui connaît le caractère des Arabes, leur amour des distinctions et des honneurs, leur soif du commandement, leur *nif* en un mot, on concevra combien ils se les étaient attachés.

Si, à l'époque de la conquête nous avions su et pressenti ce qu'était la force redoutable des makhezen, si, et ils ne demandaient pas mieux, nous en avions fait un des points d'appui de notre conquête, nul doute qu'elle n'eût été plus solidement établie.

La position faite aux tribus makhezen par nos prédécesseurs nous assurait leur concours, et en nous bornant à réformer des abus, nous nous serions établis avec moins d'hommes et moins d'argent, mais plus d'ordre et de stabilité dans l'ancienne régence d'Alger.

L'emploi de ces précieux irréguliers permettait de ménager l'emploi des troupes régulières, peu nombreuses d'ailleurs, dont disposaient les pachas ; composées presque exclusivement d'artilleurs, les troupes turques étaient éparses sur le territoire de la régence, et formaient les garnisons d'un certain nombre de bordje ou fortins, pour la plupart élevés sur les ruines et avec les matériaux des *castellum* romains.

De solides murailles, quelques réduits, une fontaine, sept ou huit pièces d'artillerie et des approvisionnements pour trois mois en faisaient d'inexpugnables forteresses. Ce n'était qu'à la dernière extrémité que les Yoldach et les Zebantout sortaient de leurs murailles pour frapper des coups décisifs. Dans la plupart des razzia ou des colonnes, les makhezen étaient seuls à donner, mais ils chargeaient l'ennemi avec d'autant plus d'audace qu'ils se sentaient soutenus par une infanterie aguerrie.

Souvent, la plupart du temps même, les Zebantout ne tiraient pas un coup de fusil. Ils ne donnaient que dans le cas fort rare où le makhezen était repoussé ou bien lorsqu'il s'agissait de déloger l'ennemi de terrains inaccessibles à la cavalerie.

Les garnisons des forts se ralliaient aux colonnes qui, au printemps, parcouraient les diverses outhan (1).

Dans le cas de sortie des fantassins réguliers et pour en tirer tout le parti possible dans ce pays où la rapidité d'action est la première condition des opérations militaires, les Turcs avaient organisé de fortes réserves de bêtes de somme, (mulets dans le Tell, chameaux dans le Sud (2).

Une insurrection, un mouvement éclatait-il sur un point quelconque, les Zébantout montaient immédiatement

(1) Cette colonne ou Mehalla, était dans le Tittery composée de :

    1° *Aga,* commandant en chef;

    2° Un *chaouch,* commandant (la maison du Sultan);

    3° Le *kiahüa,* de l'aga;

    4° D'un *boulak-bach* et d'un *oukil-el-hardj*;

    5° De 15 tentes comprenant chacune 14 soldats, 2 azara (domestiques), 1 tolback (cuisinier), et 1 tchcrak (enfant de troupe chargé du service intérieur de la tente).

(2) Ainsi il y avait toujours 200 mulets à Berrouagia et 200 à Boenchekao pour ce service spécial.

sur leurs bêtes, la troupe suivait le makhezen ; non-seulement elle arrivait rapidement sur le théâtre de l'action, mais encore elle y arrivait toute fraîche. Des agents spécialement réservés pour ce soin, accéléraient la marche des convois ; ces individus, véritables serre-files, étaient armés de longs bâtons avec lesquels ils frappaient les animaux. Ils devaient en outre relever les Zébantout maladroits qui se. laissaient choir. On conçoit quelle action devait exercer une troupe combinée ainsi de mokhazeni, de fantassins aux allures rapides et toujours prêts au combat.

La garnison de chaque bordj se composait de trois seffra : chaque seffra comprenait réglementairement 23 hommes. On peut évaluer la moyenne des garnisons à 60 hommes. Ils étaient placés sous les ordres d'un aga ou caïd, aidé d'un kiaïa et d'un krodja. Ce fonctionnaire réunissait tous les pouvoirs en sa main. Il était chargé de la perception du *meks* sur les marchés, lesquels étaient un puissant moyen d'action entre les mains de l'autorité turque. Dans le beylik du Tittery, le bordj de Berrouaguia était occupé par deux seffra. A l'extrémité est de Tittery, celui de Sour-er-r'ozlan (Aumale), était occupé par trois seffra ; le bordj Souari avait pour garnison des soldats du bey et non des Joldach.

III

Organisation des Makhezen.

Comme application directe, immédiate, c'est la subdivision de Médéa que nous prendrons pour exemple. Hâtonsnous d'ajouter que les mesures suivantes sont également applicables aux subdivisions d'Aumale et d'Orléansville, à celles d'Oran (1) et de Sidi-bel-Abbès. Nous nous bornons à ces citations, convaincu que nous sommes que, sauf des modifications de détail, l'institution des makhezen et des smala est partout excellente en principe.

Dans la subdivision de Médéa, la tradition nous indique naturellement quatre tribus que recommandent d'ailleurs leur situation topographique sur la limite du Tell, l'excellent esprit qui les anime, et les preuves de dévouement qu'elles n'ont cessé de donner à la cause française.

Ces tribus sont :

Les *Tittery* ;

Les *Douairs* ;

Les *Abids* ;

Les *Oulad-ahmed-ben-Sâad*.

Comme base première et essentielle de ce projet sommaire, ces tribus seront exemptes de toute espèce d'impôts pour les terres et produits faisant partie du territoire affecté auxdites tribus.

Elles seront également exemptes de toutes corvées ou réquisitions en hommes et en animaux. Il serait même opportun, sinon nécessaire, de les exempter du service des prestations; lesquelles seraient exécutées par les tribus Raïa, qui se trouveraient, par rapport aux caïds makhezen, dans la position où se trouvent placées aujourd'hui celles aux ordres des caïds El Kiad.

Le territoire des tribus Makhezen serait inaliénable, en raison de la fidélité, bien prouvée, d'ailleurs, de ces tribus.

La propriété y serait individualisée, en vertu de titres

____

(1) Dont le général Walsin Esterahzy a si éloquemment décrit les services et avec tant de sagacité demande la forte réorganisation.

réguliers dès qu'un décret aura reconnu à ces tribus la qualité de makhezen.

En revanche, chacune de ces tribus nous devra en tout temps, au premier appel :

100 *cavaliers bien montés* et convenablement harnachés ;

100 *fantassins* jeunes et vigoureux.

Chaque cavalier recevra ses armes du Gouvernement : un sabre, un pistolet, un fusil. Comme signe distinctif, et sans autre uniforme, ils porteront le zeurdani ou burnous noir et un cordon rouge enroulé avec la corde en poil de chameau qui ceint la tête.

Chaque fantassin sera armé d'un fusil à percussion (1).

Mais en temps de paix, les armes de ces derniers seront conservées dans des dépôts spéciaux : Berrouaguia ou Moudjébeur, par exemple.

Elles ne seraient remises aux fantassins qu'en cas de troubles et d'éloignement des cavaliers makhezen, pour la garde du territoire de la tribu.

Les tribus makhezen seront tenues d'entretenir une réserve de 150 mulets ou chameaux réservés spécialement, soit pour le transport de nos fantassins, soit pour le besoin de nos ravitaillements ou de nos ambulances.

Deux fois par année un officier des affaires indigènes et un vétérinaire s'assureront du bon état de ces animaux qui d'ailleurs étant la propriété des makhezen, seront utilisés à toute espèce de travaux dans la tribu.

Dans le cas où l'on ne voudrait faire agir que des forces indigènes, ces mulets ou chameaux serviraient au transport

---

(1) Ce qui ne constituera pas, par conséquent, une bien grande charge pour nos arsenaux qui fourniront des armes, modèle 1842.

L'officier d'artillerie chargé des inspections d'armes dans la province s'assurera annuellement du bon état et de l'entretien de ces armes.

des fantassins du makhezen, lorsqu'ils devraient agir de concert avec le goum (1).

Les cavaliers et fantassins du makhezen doivent leurs services gratuitement à première réquisition. Cependant, toutes les fois que les exigences du service nécessiteront leur absence du pays pour plus de six jours, les cavaliers toucheront par jour, une ration d'orge, une ration de biscuit, une ration de sucre, de café, et un franc.

Les fantassins un franc par jour, une ration de biscuit, une ration de sucre et café.

Les tribus makhezen étant exemptes de tout impôt, leurs caïds toucheront en remplacement du dixième de l'impôt, une solde de 100 francs par mois. Ils continueront à percevoir la part d'amendes qui leur est afférente sur celles de ces amendes frappées par eux.

Les dépenses du Makhezen du Tittery pourraient donc être évaluées à :

1° 4 caïds à 1,200 francs.		4.800 fr.
2° 200 cavaliers en moyenne (2), à 120 fr. par an.		24.000
3° 400 fantassins à 45 francs par an. , . . .		18.000
Formant un total de.		46.800 fr.

(1) L'expérience a prouvé tous les avantages que nous pouvions retirer au triple point de vue politique, militaire et économique, en n'employant dans le Sud de nos possessions algériennes que des forces essentiellement indigènes.

Il nous suffira de rappeler ici la razzia faite sur les Ouled-Naïl par les mouvements combinés des goum du Tittery et de Boghar ; l'expédition de Si-chérif-bel-Arch avec ces mêmes Ouled-Naïl contre les fractions insurgées des Larbâa, qu'il poursuivit jusque dans les Beni-Mzab ; plus récemment la prise de Si-Mohammed-ben-Abdallah par les goums de Si-ben-Becker dans les dunes de Metlili.

On ménage ainsi et la santé et la vie de nos soldats. En lançant les goums, nous n'engageons jamais notre drapeau et nous nous réservons, chose précieuse, toute la liberté d'action.

(2) En calculant pour les cavaliers une moyenne de soixante jours de service par an et pour les fantassins trente jours.

L'exemption d'impôts pour ces quatre tribus ne serait en moyenne que de 55,311 francs (achour et zekkal réunis) (1).

Que l'on compare un instant et que l'on mette en balance les services que nous rendront les Makhezen, les faibles dépenses qu'ils nous occasionneront, avec les services rendus par les spahis et le million 721,471 francs que coûte annuellement ce régiment.

Il ne peut évidemment entrer dans notre pensée de supprimer brusquement les spahis, ce qui serait non-seulement impolitique, mais encore injuste, car il y a des services rendus et des intérêts à sauvegarder. Cette suppression se ferait naturellement peu à peu, par les libérations, la diminution d'effectif ; cette diminution d'effectif amènerait la réduction des escadrons. Enfin, à un certain moment, les cadres indigènes, les vieux spahis, pourraient être employés dans les bureaux arabes en conservant avec les insignes du grade leurs avantages de solde, leurs droits aux récompenses et à la retraite.

Ces mesures seraient d'autant plus rationnelles qu'il faut un certain temps pour organiser sérieusement et développer le makhezen.

Cette organisation marcherait en sens inverse de la désorganisation des spahis. D'ailleurs, il est possible que l'on reconnaisse sur certains points la nécessité de maintenir des escadrons là où n'existent pas les éléments et les traditions du makhezen.

Veut-on savoir quels seraient les résultats généraux de l'organisation des makhezen ? Veut-on quelques-unes de ces considérations qui empruntent leur valeur, non-seulement de l'examen des faits, mais de l'autorité qui les ex-

____

(1) Cette moyenne est déduite du double impôt payé par ces tribus pendant les quatre dernières années.

prime? Voilà ce que dit le général Walsin Estérahzy, dont le nom est inséparable de la question qui nous occupe.

..... « Pour ceux qui connaissent un peu les Arabes, leur
» nature et leur caractère, il demeurera certain que les prin-
» cipales tentes des tribus brigueront à l'envie la faveur
» de faire partie des makhezen. On atteindrait donc, par
» ce moyen, le but vers lequel on doit tendre, celui d'or-
» ganiser près de tous nos postes, ce qu'on peut appeler
» le parti français, c'est-à-dire de créer un noyau de gens
» considérables parmi les leurs, dévoués par intérêt à notre
» cause, et sur lesquels notre influence rendrait facile les
» essais progressifs de civilisation que nous voulons tenter.
» Nous en tirerions nos administrateurs, en temps de
» paix, la partie solide de nos goums, en temps de guerre.
» Nés dans le pays où pourrait s'exercer leur action, ils
» en connaîtraient mieux les hommes et les choses, nous
» tiendraient au courant des moindres bruits, des plus
» petites nouvelles, et leur intérêt serait pour nous une
» réelle et puissante garantie (1). »

Avec ces makhezen, nous pouvons tenir le Tell, car les propriétés et les familles des mokhazenis nous répondent d'eux. Dans le Sud, cette institution nous semble beaucoup moins facile : outre que les traditions manquent, la mobilité des tribus ne nous permet guère de chercher à organiser un makhezen qui ne nous serait attaché que par des liens factices. Quelle garantie peut nous offrir une tribu saharienne ? Tout au plus quelques silos dans un ksar éloigné que nous ne pouvons occuper et encore moins protéger.

Si les circonstances nous amènent à organiser des makhezen dans le sud de la province d'Alger, en tout cas ne devons-nous pas les armer à nos frais ; car oserait-on se

____

(1) Général Walsin Esterahzy, *Notice historique sur le Makhezen d'Oran*, page 268.

mettre à la merci de vagabonds incorrigibles et de pillards insatiables prêts à se ruer sur une proie quelle qu'elle soit, ce serait une insigne folie de compter sur de pareils auxiliaires. Le nombre des déserteurs de l'escadron des spahis de Laghouat confirme cette assertion.

Au cas où cette création du makhezen méridional serait décidée, quand même, nous proposerions pour l'annexe de Djelfa de le constituer avec la tribu des Ouled-Khouïni, serviteurs traditionnnels et dévoués de la famille du Bach-Agha-si-bel-Kacem.

La moitié de cette tribu pourrait être formée en smala à Djelfa même, l'autre à Zmila. Le chiffre des cavaliers à fournir par cette tribu serait fixé à 200, dont 100 à chaque smala.

Pour Laghouat il ne nous paraît pas possible de trouver une tribu constituée, une fraction même ; mais nous pensons qu'il serait facile de réunir un makhezen de 120 chevaux, en recrutant un certain nombre de tentes parmi les Larbaa, Ouled-Yacoub, Châamba. Une partie de la smala serait établie dans les maisons de Laghouat, l'autre à Tâadmit dans les conditions d'effectif semblables à celles des makhezen de Djelfa. En tout cas, répéterons-nous, il faut bien se garder de les armer à nos dépens.

IV

Colonisation par les Kabyles.

A côté des makhezen, force militaire politique et coloniale, il est un élément précieux que nous ne devons pas négliger et sur lequel doivent porter nos tentatives d'assimilation ; nous voulons parler de la population kabyle, dont la valeur comme élément colonisateur a été récemment préconisée.

« Il est de toute évidence que la fixité kabaïle et l'amour
» de cette race pour le travail, devront être les plus forts
» pivots de notre politique, pour nous établir avec ordre,
» succès et stabilité en Afrique. » — (Général Duvivier *Solution à la question de l'Algérie*, 1845).

« Le Kabyle doit devenir, d'ici à quelques années,
» l'auxiliaire le plus intelligent de nos entreprises et l'asso-
» cié le plus utile de nos travaux. » — (Colonel Carette, *Commission scientifique*).

« On peut attendre beaucoup de cette population, moins
» éloignée de nous par son origine et ses mœurs, et plus
» facile à assimiler que la population arabe. »—(Le Séna-
teur Forcade de la Roquette.)

« A un moment difficile, des villages kabyles installés en
» pays arabes offriraient les éléments de fortes colonies
» militaires, ressources précieuses pour les éventualités de
» l'avenir, dans les parties méridionales des pays éloignés
» par leur position du contact des Européens et dont une
» guerre continentale peut diminuer ou éloigner instanta-
» nément les garnisons permanentes.

» Ces Kabyles, actifs et énergiques, habiles à se créer
» des ressources et à se suffire à eux-mêmes dans les iné-
» vitables difficultés de la pauvreté, ne constitueront-ils
» pas des *colons* supérieurs à tous les éléments parasites
» et coûteux qu'il a été successivement question d'intro-
» duire dans la colonie ? »—(M. le sous-lieutenant Aucapitaine, *les Kabyles et la colonisation de l'Algérie*, page 50.)

A propos de la fusion entre les indigènes et les Européens, M. le général Daumas s'exprime en ces termes :

« Sil est permis de la tenter quelque part, c'est dans la
» grande Kabylie, à cause des tendances industrie lles,
» pacifiques et laborieuses de sa population. »

A ces témoignages, nous pourrions encore ajouter des
citations du capitaine Devaux, du lieutenant-colonel
Lapène, de M. le président Devaulx, du général Yusuf, du
maréchal Randon, de M. Berbrugger, du docteur Leclerc,
de tous ceux enfin, qui, ayant pu voir de près les populations berbères, ont été d'une façon unanime, frappés de la
valeur exceptionnelle de ces montagnards chez lesquels un
sentiment, exagéré peut-être de l'individualité, de fortes
coutumes démocratiques, ont développé l'esprit d'initiative
et d'entreprise.

Il s'agit d'utiliser pour eux et pour nous les qualités du
peuple kabyle, les attirer dans les plaines qu'ils possé-
daient jadis, et, en échange de leurs laborieuses misères,
les constituer propriétaires.

« Les mœurs et les institutions des Kabyles permettent
» de trouver parmi eux des colons qui n'auront pas, ne
» fût-ce que vis-à-vis de nous, les préjugés des autres
» indigènes : ils émigreront et transporteront leurs fortes
» coutumes démocratiques, en même temps que leur
» amour du travail au milieu des vices féodaux de la
» société arabe. Par un contact journalier, par des inté-
» rêts de voisinage qui iraient en se multipliant, ils relève-
» ront cette race un moment déchue. »

A la proposition de créer en pays arabes des villages
kabyles, d'amener une immigration berbère dans les
plaines, on a parfois objecté l'amour inné des montagnards
pour le sol qui les a vus naître, leur désir de revenir après
quelques années dans leurs montagnes, l'impossibilité de
les fixer loin de leur patrie. Outre qu'aucune tentative ne
corrobore cette dernière objection, l'histoire nous a con-
servé une preuve éclatante du contraire.

Quand les Kabyles ont eu la facilité, la liberté d'émigrer, ils l'ont fait. MM. Carette et Warnier n'ont eu garde de l'oublier. « Les exemples de colonies libres (Kabyles),
» formées dans ces circonstances, sont nombreux (1). Il est
» admis que ce sont généralement les pauvres gens de la
» montagne qui vont, en qualité de fermiers, cultiver des
» terres louées ou achetées dans les plaines par les pro-
» priétaires aisés des tribus. Puis, à force de travail, ils
» deviennent propriétaires eux-mêmes et s'attachent irré-
» vocablement au sol. C'est ainsi qu'ont pris naissance la
» plupart des colonies kabyles fondées dans les plaines,
» notamment celles de Guelma, produit d'une double
» émigration, l'une descendue des monts Aurès, l'autre
» venue des montagnes du Djurjura (2). »

Il faut remarquer que sous les Turcs, les migrations de ce genre devinrent fort difficiles, car les montagnes kabyles furent la plupart du temps étroitement bloquées.

N'est-il pas évident que le désir de posséder est inné chez tous les hommes? dans la masse rurale surtout la plupart des sentiments abstraits cèdent devant la propriété.

N'oublions pas d'ailleurs que si quelques théoriciens ont pu dénier à l'élément kabyle sa valeur colonisatrice, c'est qu'à un moment il était de mode, par une fatale erreur, de n'accorder aucun rôle dans la colonisation aux éléments indigènes.

Après avoir objecté l'impossibilité de déterminer les immigrations, il se présente une difficulté plus grave à notre avis, bien que facilement surmontable. C'est celle qui s'oppose à tout projet de colonisation européenne ou indigène;

(1) *Notice sur la division territoriale et la population indigène d'Algérie.*

(2) Le sous-lieutenant Aucapitaine : *les Kabyles et la colonisation en Algérie*, page 47.

smala arabes ou villages kabyles, elle repose sur la difficulté de se procurer des terres sans léser en quoi que ce soit les détenteurs actuels ou grever le budget. Nous croyons facile d'obvier à cet inconvénient, et, de la théorie des villages kabyles, nous allons passer à la pratique par le projet immédiat du village qui va suivre.

A première vue, trois points nous paraissent très-favorables pour l'établissement des smala kabyles pour couvrir notre Tell et nos tribus makhezen, ainsi que pour mettre en valeur des terres éloignées des centres de production.

Ces points sont :

Aïn Tletta, chez les Emfattach ;

Mouley-el-Adam, chez les Ouled-Mareuf ;

Bordj-Souari, au centre de la tribu Tittery.

Ces territoires, situés sur les derniers contre-forts des montagnes atlantiques, présentent des eaux abondantes, d'excellents terrains de culture et d'immenses plaines de parcours pour les troupeaux. Si le bois manque sur place, il est abondant à une distance qui ne dépasse jamais 15 à 16 kilomètres. Ces points peuvent être très-facilement reliés entre eux par des routes rendues carrossables à peu de frais. Ils sont en outre assez rapprochés pour se prêter un mutuel appui, et créer ainsi une bonne et solide *frontière* militaire.

Un seul de ces points vient d'être sérieusement étudié dans le but que nous nous proposons : c'est Mouley-el-Adam, peut-être la moins favorable des trois localités citées. Néanmoins il offre encore toutes les conditions désirables et favorables à un établissement de ce genre.

Nous avons dû nous préoccuper tout d'abord des difficultés que pouvait soulever la question de propriété.

Ces difficultés sont résolues :

Les Ouled Mareuf offrent avec empressement de vendre,

au prix de 10,000 francs, les 1,000 hectares qu'ils louent en ce moment aux gens des Abazis. (1)

Peut-être serait-il nécessaire d'y ajouter une bande de 2 à 300 hectares sur la rive droite de l'Oued-bou-Selema pour faire des prairies, ce à quoi l'on arriverait facilement, en traitant à l'amiable, sans que la dépense pût dépasser le chiffre de 10,000 francs, ce qui ferait un total de 20,000 francs pour constituer un lot de terrain d'environ 12 à 13 cents hectares de terres arables et autant de communaux pour les parcours à affecter aux troupeaux.

Quand à Aïn Tletta, Bordj, Souary ; il serait nécessaire d'étudier la question de propriété et de reconnaître tant les droits des usagers que ceux du beylik, qui, à Bordj-Souary, sont incontestables, puisque les Turcs faisaient cultiver par l'intermédiaire d'un oukil, les terrains qui dépendent de ce lieu. En outre, chaque année, ils louaient les terrains d'Aïn Tletta à la fraction des Ouled Moktar qui recevait l'investiture.

La question de territoire étant élucidée, afin d'obvier à certaines difficultés d'installation première et démontrer d'une façon pratique et constante le parti que l'on peut tirer de l'élément kabyle, nous prendrons nos éléments dans le 1er régiment de tirailleurs algériens. Une compagnie sera formée.

Le cadre sera composé de :

1 capitaine français,

1 lieutenant français, 1 lieutenant indigène choisi parmi ceux d'origine kabyle,

1 sous-lieutenant français, 1 sous-lieutenant indigène choisi dans les mêmes conditions que le précédent.

1 sergent-major ;

(1) Nous nous sommes assuré que les abazis trouveraient tant qu'ils en voudraient des terres à louer sur d'autres points voisins de leur territoire.

1 sergent-fourrier ;

1 caporal adjoint au fourrier ;

1 tirailleur français secrétaire ;

4 sergents français ;

4 sergents indigènes ;

4 caporaux français ;

8 caporaux indigènes ;

10 tirailleurs français, ordonnances des officiers et ouvriers d'art ou agriculteurs ;

2 tambours et 2 clairons indigènes ou français.

Les sous-officiers et caporaux français devront être tout spécialement choisis parmi ceux qui auraient fréquenté les écoles industrielles ou agricoles ou qui pourraient justifier de connaissances suffisantes pour être utiles comme moniteurs. Mais on doit, dans ce choix, s'occuper surtout de trouver des hommes pratiques ; on les prendra dans d'autres corps au besoin.

La compagnie sera composée d'indigènes Kabyles au nombre de 100, ayant tous un an de service et quatre années encore à faire. Ils appartiendront autant que possible à la tribu des Beni-Djennad, Beni-Ouagnennoun, aux fractions du Djurjura occidental (1).

Cette compagnie, que nous prendrons comme type de celles qui pourraient être organisées ultérieurement sur d'autres points, sera installée sur le territoire de Mouley-el-Adam, chez les Ouled-Mareuf.

Les sergents recevront 15 hectares.

Les caporaux 10.

Les soldats 5 à 8.

Le tout suivant l'importance de leurs familles, qu'ils

(1) Les hommes de ces tribus sont d'ailleurs très nombreux dans le 1er régiment.

devront déterminer autant que possible à émigrer. La mise en culture sera faite en commun.

Lorsque les travaux d'installation première seront terminés, après un an ou deux, pendant lesquels on aura créé des ressources, chaque homme aura, d'après un tour de rôle établi, une permission d'un mois pour aller se marier et ramener avec lui sa nouvelle famille. A leur retour aura lieu l'allotissement des terres, suivant l'importance des familles. Les hommes devront alors contracter un rengagement de trois ans, car une moyenne de sept à huit années est toujours nécessaire pour la création d'un établissement agricole sérieux.

Lorsque les tirailleurs quitteront la portion centrale du corps, il sera nécessaire que leurs masses soient complètes ; à partir du jour de leur installation sur le territoire du village, une partie de la prime journalière d'entretien sera affectée à amortir les frais de l'achat des outils aratoires, bestiaux, graines, car il est évident qu'en intéressant les hommes à l'achat du terrain et aux frais de leur établissement, ils y seront d'autant plus attachés. Et d'ailleurs par ce moyen, ils seront à l'abri de toute révolution immobilière qui pourrait leur enlever le sol (1).

Les constructions de maisons et les établisssements d'utilité publique resteront, pour ces premiers villages, à la charge du Gouvernement.

Les produits des cultures faites en commun seront partagés en deux parts : une moitié prélevée immédiatement au profit de la compagnie, l'autre moitié versée à la masse générale d'entretien pour concourir à l'amortissement des frais de l'installation et de la mise en culture. Au bout de six années, lorsque la compagnie sera licenciée et les hom-

____

(1) L'hectare valant 18 francs, en moyenne, chaque soldat pourra, en six années, à l'aide de sa masse, payer 8 hectares, soit 144 francs.

mes reconnus définitivement propriétaires, en vertu de titres réguliers, des terres qu'ils auront cultivées et achetées, l'excédant de cette masse sera partagée entre les concessionnaires.

En cas de décès d'un tirailleur, sa concession fera retour à la communauté, qui remboursera à ses héritiers les sommes avancées par lui jusqu'alors. Mais si, pendant ces quatre années, pour une cause ou pour une autre, un tirailleur demandait, soit son exonération du service, soit à rentrer à la portion active du corps, il perdrait tous ses droits, tant à la partie de la masse générale qui pourrait lui revenir, qu'à sa concession de terrains déjà cultivés et à la part de leurs produits.

Deux fois par mois pendant la première année, une fois pendant les années suivantes, les hommes seront réunis et exercés au maniement d'armes et à l'école de peloton. Les officiers chargés de les commander devront s'attacher à exercer les hommes à l'école des tirailleurs, conformément à l'Ordonnance. D'après nos prévisions, et la première concession donnée aux tirailleurs étant de 5 hectares, il nous resterait environ 1,000 hectares disponibles appartenant à la communauté. Ce surplus serait réparti entre les membres, au même prix que les précédents ; lorsque le village aurait donné des résultats réellement sérieux, on serait à même de mettre ces nouvelles acquisitions en culture.

Le village constitué et créé, les tirailleurs ayant reçu leur congé, mais étant par leur séjour et leurs intérêts complétement liés au sol, le cadre serait rappelé à la portion centrale du corps, sauf cependant les sergents, caporaux et soldats français que nous voudrions voir participer aux bénéfices de l'association, et se fixer définitivement dans ce centre à la création duquel ils auraient concouru.

Il y a là un germe de fusion sur lequel nous insistons

tout particulièrement. Si, comme l'ont affirmé M. le général Daumas et M. Aucapitaine, la fusion entre Européens et Kabyles est chose beaucoup plus facile qu'entre Arabes et Européens, nous aurions là un précieux moyen de constater l'efficacité de ces théories. Mais il est évident qu'en raison du milieu où ils sont appelés à vivre, les quelques Français que nous voulons fixer dans les villages kabyles doivent être, avant tout, des paysans et des ouvriers dont la valeur intellectuelle se rapproche de celle de leurs co-associés. Les uns et les autres auront pu, pendant quelques années de travaux en commun, apprécier leur valeur réciproque et les services qu'ils peuvent se rendre mutuellement.

Le village étant en quelque sorte émancipé, il ne devrait plus que certaines redevances militaires, il s'administrerait conformément au système politique des Kabyles ; par une djemma (assemblée) présidée par un amène (ou maire) choisi dans son sein par l'autorité supérieure. Les impôts nécessaires à l'entretien de la communauté seraient votés par la djemma, toujours suivant la coutume kabyle.

Ainsi, nous aurions, sur certains points de nos frontières, des villages indigènes armés, attachés à nos intérêts, différents de race, d'instincts et de coutumes des éléments au milieu desquels ils seraient appelés à vivre.

Dans les circonstances de guerre, nous trouverions des contingents d'hommes formés à la discipline, par conséquent mobilisables dans un cercle restreint, par exemple, dans le cercle ou la subdivision. Ces forces placées sous la main des officiers des affaires indigènes nous constitueraient de précieuses avant-gardes militaires, en tout identiques aux *limitanei* romains.

En outre, nous aurions créé, organisé, réuni en faisceaux de nouvelles tribus ; nous savons, par l'expérience des Turcs, nos prédécesseurs, quel excellent parti l'on peut

tirer de ces créations, mais, au lieu des éléments du despotisme organisé par les Osmanli, nous aurions des tribus
perfectionnées, des éléments vivaces de progrès et de civilisation.

V.

Le Sud.

> On n'habite pas le Sahara, quand on peut habiter ailleurs.....
> (*L'Avenir du Sahara,* par le général FAIDHERBE.)

Le Sud de l'Algérie..... ces mots si simples par eux-
mêmes, ont exercé un singulier prestige sur les imagina-
tions. Ce pays, à nul autre comparable, présente une phy-
sionomie particulièrement complexe : ainsi, ce que l'on est
convenu d'appeler le désert se présente sous au moins deux
aspects distincts. Dans l'est, au sud de la province de
Constantine par exemple, quelques archipels d'oasis, faisant
suite au Ziban, ont fait croire un instant que le désert
n'existait pas. Là est une région relativement riche, faisant
un certain commerce par les vallées de l'Oued-souf et de
l'Oued-r'ir dont les habitants sont en relation avec le sud de
la Tunisie et de la Tripolitaine. Les Romains y avaient
quelques établissements secondaires.

Le sud des provinces d'Alger et d'Oran présente un aspect
tout autre. Si nous exceptons le plateau habité par la con-
fédération des Beni-Mzab, ce ne sont que des vallées rocail-
leuses, des torrents desséchés, tout le fond d'une méditerranée mise à sec, un pays condamné à l'aridité la plus absolue, sans population, sans ressources. Il faut aller jusqu'à

Figuig pour trouver une ligne d'oasis qui se prolonge vers le sud..... Là, aucune trace de postes romains (1).

D'exagération en exagération, le pays de la soif, est devenu, sur la foi de touristes enthousiastes, de certains poètes sahariens, l'Eden de l'Afrique où, en longues caravanes, arrivaient les produits féériques du splendide Soudan.

Le commerce tant et trop vanté du pays des nègres n'a eu d'autre raison d'être que le commerce des esclaves ; avec la paix, les oasis finirent par être abandonnés des habitants que les guerres et les révolutions avaient rejetés dans ces régions exceptionnelles. D'ailleurs, le desséchement progressif de l'ancienne mer saharienne rendra d'ici à peu de siècles ce pays complétement inhabitable, car les nappes souterraines s'y épuisent insensiblement (2).

Le Sud, au moins, dans sa plus grande partie, est un pays maudit, condamné à une éternelle aridité, à une immobilité absolue.

L'irrégularité des pluies, non moins que des chaleurs torrides rendent impossible dans la partie parcourue par nos tribus, la multiplication des grands troupeaux. Le manque absolu d'eau, tantôt dans une zone, tantôt dans une autre, condamne les populations sahariennes à la vie nomade, car elles sont obligées de rechercher les pâturages où les pluies ont fait pousser l'herbe indispensable à la nourriture de leurs troupeaux.

.....Si, comme cela n'arrive que trop souvent, les pluies viennent partout à manquer ; il se produit alors de terribles épizooties qui, en quelques semaines, en quelques

____

(1) Tout au plus, peut-on citer les ruines reconnues à M'sad, à dix-huit lieues au nord-est de Laghouat.

(2) On peut consulter à ce sujet les récents travaux de MM. Ch. Martins, Desor et Robert de Linte.

jours même enlèvent les trois quarts des troupeaux. Depuis 34 ans, on avait pu constater que cette terrible maladie avait onze fois exercé ses ravages.

La vie nomade, à laquelle sont forcément soumises les populations sahariennes, développe chez elles des instincts d'indépendance absolue, et fatalement aussi ceux du vagabondage et du pillage. L'isolement les amène à considérer comme ennemis tout ceux qui ne font pas partie de leurs tribus ; de là, des habitudes de razzia considerées comme de bonne guerre, que nous ne saurions détruire.

On a parlé de modifier ces instincts héréditaires, sans réfléchir que, pour atteindre ce résultat si difficile chez tous les peuples, il faudrait d'abord changer les conditions matérielles au milieu desquelles s'écoule l'existence des tribus pastorales.

Les Sahariens, protégés contre nous par d'immenses espaces, nous échappent sans cesse ; nous devons donc nous attendre à voir se reproduire dans le Sud, sinon des insurrections, au moins des désordres partiels, d'autant plus fréquents que les bourgades du Sahara sont sans cesse déchirées par des rivalités intestines, résultat des exagérations de leur gouvernement républicain et du morcellement d'une autorité sans cesse contestée, parfois méconnue, dissensions auxquelles les nomades prennent une grande part.

La création de nos postes avancés dans le Sahara est le résultat des deux idées suivantes :

1° Faciliter l'ouverture des relations commerciales avec l'extrême sud ou Soudan ;

2° Maîtriser les populations turbulentes du Sahara et rendre impossible de nouvelles insurrections.

La question du commerce de l'intérieur de l'Afrique est jugée aujourd'hui. Quelques hardis voyageurs, parmi lesquels nous citerons l'interprète militaire Bou-Derba, ont

été l'étudier sur place. Ils nous ont fait connaître les difficultés inouïes des voyages à travers ces régions, dans lesquelles l'eau du ciel ne tombe pas pendant des périodes de
dix ou douze années, où hommes et animaux sont exposés
à périr de chaleur et de soif, où, par une température de
50 degrés, les malheureux conducteurs de chameaux sont
obligés de creuser avec leurs mains et leurs pieds dans les
dunes de sable, pour tracer des sentiers accessibles à leurs
animaux ; enfin, ils nous ont fait connaître la cause irré-
médiable de l'éloignement des caravanes du Soudan, pour-
quoi elles ne viennent plus dans nos postes méridionaux,
où elles apparaissaient autrefois. Cette cause, c'est que la
base de tout commerce des caravanes étant, nous l'avons
dit, la marchandise humaine, le reste n'était qu'accessoire ;
quelques dents d'éléphant, un peu de poudre d'or, des
plumes d'autruche, de grossiers ouvrages, des peaux de
buffle, en un mot, rien de sérieux (1).

Si la France parvient jamais à se créer de véritables
débouchés commerciaux dans l'Afrique centrale, ce sera
par la grande artère naturelle du Niger et par notre colonie du Sénégal.

Mais nous savons à quoi nous en tenir sur ce prétendu
avenir du commerce avec le Sahara.

Reste à examiner la seconde question.

Le Sud, disait-on, est le foyer des tempêtes. Pour les
prévenir, il faut occuper fortement le pays.

(1) Il résulte des travaux de la mission de Rédamès, commandée
par M. le lieutenant-colonel Mircher, que tout le commerce de la ville
de Rédamès ne dépasse pas 3 millions. Si nous voulions une preuve
éclatante du peu d'espérance qu'offre le commerce d'exportation du
Soudan, nous rappellerions qu'en 1852, le gouvernement anglais,
préoccupé de notre extension dans le Sud et voulant combattre notre
influence, qu'il supposait être préjudiciable à ses intérêts commerciaux, plaça un consul à Rédamès ; après trois ans de résidence, cet
agent quitta l'oasis où il n'a pas été remplacé.

Dans la pensée de tous, la création des postes de Gery-ville, Laghouat, Djella (1), devait ouvrir une ère nouvelle de prospérité à l'Afrique. Tout désordre, toute tentative d'insurrection était désormais impossible, avec notre insouciance habituelle ; on alla jusqu'à repousser avec dédain l'idée de fermer le village civil de Djella par une enceinte crénelée.

Les événements de l'année 1864 ont tristement prouvé la valeur de ces idées ; on doit comprendre que, malgré nos postes avancés dans le Sud, l'insurrection est tou-jours possible sur une vaste échelle ; sans compter les désordres graves que nous avons toujours à redouter par l'influence fanatique des derkaoua, chérifs, marabouts, affiliés de toutes sortes, qui pullulent dans le Sud plus que partout ailleurs. C'est à l'improviste que se produisent les petits soulèvements qui amènent des catastrophes comme celle de Sidi-bel-Abbès, ou de Djella, en 1861.

Nos postes avancés dans le Sud ne nous donnent donc ni relations commerciales ni sécurité ; ils nous sont même plus nuisibles qu'utiles, car en nous obligeant à disséminer nos forces, ils peuvent, à un moment donné, être une cause d'embarras, voire une cause de ruine pour la co-lonie.

Si 30 à 40,000 hommes doivent suffire pour maintenir le pays ce ne peut être qu'à la condition d'être essentielle-ment mobiles et de n'occuper qne les points strictement stratégiques. Alors et avec une bonne organisation des makhezen, nous serons à même de protéger efficacement notre Tell.

---

(1) Nous ne parlons pas ici, répéterons-nous, du sud de la province de Constantine, que sa position topographique, la densité de sa popu-lation, la fertilité de ses oasis, placent dans des conditions complète-ment différentes.

Dans les conditions actuelles, si nous descendions dans le sud, pour soutenir les postes avancés, l'ennemi par nos derrières pénétrerait dans le Tell, où l'insurrection deviendrait générale ; cette partie du territoire complétement dégarnie, sera à la merci de tout homme audacieux venant du sud à travers nos colonnes, d'un Sidi-Lalla ou d'un dervich comme Bon Boghella descendu des montagnes et traînant à sa suite quelques milliers de Kabyles.

Supposons, au contraire, toutes nos troupes régulières concentrées sur des points stratégiques bien choisis dans le Tell, de ces points qui commandent à la fois le Sahara et les débouchés des hauts plateaux, la frontière sud du Tell parfaitement organisée avec une ligne de makhezen analogue aux colonies militaires des bannats autrichiens ou des lignes frontières de la Russie méridionale, qui ne sont autres que les *limitanei* des occupations romaines... Nous n'avons rien à craindre, nous sommes partout en forces. Nous nous mettons à l'abri de tout contact dangereux des tribus depuis longtemps soumises, mais dont nous ne pouvons méconnaître l'esprit mobile et ardent.

Le passé renferme la leçon de l'avenir.

Si la création des postes avancés dans le sud a été une faute, leur évacuation complète et immédiate dans les circonstances présentes en serait une plus grande encore.

Il faut, avant tout, terrasser l'insurrection, et faire disparaître jusqu'aux moindres vestiges, alors seulement, redevenus maîtres de la situation, nous pourrons reprendre notre liberté d'action.

Cependant, dès aujourd'hui, nous pourrions faire en sorte d'écarter progressivement et sans secousse les malheureux colons qui végètent autour de ces postes et sont pour nous une cause de sérieuses préoccupations et de grands embarras.

Ce premier résultat obtenu, on pourra plus tard supprimer certains postes, réduire les garnisons des autres au
chiffre strictement nécessaire pour garder les postes d'approvisionnements, conformément aux principes si nettement formulés dans la circulaire du maréchal Bugeaud, en
date du 8 mai 1846.

« Serait-il encore nécessaire de répéter que les postes
» permanents ne peuvent être que très-faibles en raison de
» leur multiplicité, n'assurent pas les communications et
» n'ont aucune action sur le pays ; qu'ils ne gardent réelle-
» ment qu'un point ; que l'action réelle, la véritable puis-
» sance est dans les troupes qui tiennent la campagne,
» lesquelles ne conservent leur force dominatrice qu'au-
» tant qu'elles ne se subdivisent pas trop et que chacune
» des fractions est capable de vaincre toutes les forces
» réunies de la contrée qu'elle est chargée de maintenir
» dans l'obéissance ; que, non seulement les postes multi-
» pliés immobilisent une partie des forces de l'armée,
» affaiblissent numériquement les colonnes agissantes,
» mais encore qu'ils absorbent, en partie, l'action des
» troupes restées mobiles, puisque celles-ci sont chargées
» de les ravitailler, de satisfaire à leurs besoins et souvent
» d'aller à leur secours, au lieu de faire des opérations
» utiles contre l'ennemi ; que ces secours n'admettant pas
» de retard, il faut souvent marcher par le temps le plus
» défavorable, et que, de là, peut naître une catastrophe.
» Enfin que les postes qui ne sont pas d'une nécessité ab-
» solue et parfaitement démontrés doivent être soigneuse-
» ment évités, car ils sont une source d'embarras, de fai-
» blesse et dangers. » (*Voir note B.*)
Suivant les circonstances, nous nous tenons sur une
stricte défensive, où nous rendons cette défense offensive,
lorsque l'occasion nous paraît favorable. Bref, au lieu d'ê-
tre fatalement entraînés par les événements, nous les do-

minons complétement et sommes toujours assurés de les maîtriser, qu'ils viennent du Sud de la Kabylie, de l'Est ou de l'Ouest, voire même de l'Europe conjurée contre nous !

DU ROLE ÉCONOMIQUE DE LA COLONISATION EUROPÉENNE.

Pour compléter notre travail, il ne reste plus qu'à examiner quelques-uns des principes qui, d'une façon générale, peuvent et doivent régir l'Algérie, quant à son économie coloniale.

Depuis l'époque où fut créée une intendance civile, on sait quels déplorables conflits se sont élevés entre l'autorité civile et le gouvernement militaire ; conflits qui ont été préjudiciables tant à l'œuvre de la colonisation qu'à celle de la conquête. Si l'administration civile est en tout pays la première garantie des citoyens, son action cesse forcément partout où des éléments de troubles rendent ou peuvent rendre nécessaire l'emploi du gouvernement militaire. Le gouvernement militaire, par cela même qu'il est un gouvernement d'exception, peut seul commander dans un pays où la portion considérable de la population ne subit qu'en frémissant le joug d'une conquête à peine achevée.

A propos de l'Algérie, on a tellement abusé de ces mots *gouvernement du sabre*, qu'il est nécessaire de rappeler que c'est l'administration militaire, qui, au milieu de difficultés sans nombre, a fondé, créé et organisé les centres de populations européennes et mis à la disposition de colons, trop inexpérimentés souvent, le savoir de ses officiers, les bras de ses soldats et les ressources variées de ses magasins. Partout, le colon isolé a trouvé l'appui matériel et moral de l'autorité militaire.

Quand se sont produites les agitations de la place publique et les clameurs de la presse contre le régime militaire, constatons que le colon travaillant, le *paysan*, est toujours resté étranger à ces attaques passionnées. Le résultat de ces luttes, de ces mesquines rivalités, toujours envenimées par les intérêts personnels des subalternes, a été de démontrer la nécessité absolue de séparer nettement les autorités civiles et militaires.

Par une réaction extrême, comme toutes les réactions, le pouvoir est en ce moment aux mains de l'autorité militaire. Dans quelque temps....., demain, peut-être, le souvenir des derniers événements s'effacera. Il faut prévoir alors une réaction dans le sens radicalement opposé. Il est donc juste et rationnel de nous préoccuper ici du rôle économique réservé aux éléments européens, dans l'œuvre si difficile de la colonisation algérienne (1).

(1) Les prévisions de l'auteur ne se sont que trop réalisées.

Dans les dernières années de l'Empire, jamais notre colonie n'avait été si tranquille, jamais notre pouvoir n'avait été si fermement assis... L'Algérie était bien devenue *Terre française*, et au mois de juillet 1870, ce fut avec un véritable élan national que les fils des Berbères marchèrent contre les hommes du Nord, nos ennemis.

Nos grands désastres, pas plus que les sourdes excitations des Prussiens qui avaient établi une agence de révolte à Tunis, n'avaient pu encore ébranler notre domination quand éclata le 4 septembre.

Soutenus par MM. Jules Favre, Crémieux, etc.., les colons décrètent: l'abolition du régime militaire, la dissolution des bureaux arabes, et déclarent hautement que les *gardes nationales* seules sauront réprimer toute tentative de révolte.

Au triple point de vue de la politique, de l'agriculture, des intérêts indigènes, les éléments européens doivent être agglomérés dans des zônes déterminées par les conditions de salubrité, la fertilité du sol, le voisinage de la mer, voie naturelle des importations et exportations. L'agglomération

Le général Esterhazy (frère du général du même nom souvent cité par l'auteur) est chassé de 'a colonie, le général Litchlin se voit contraint de se réfugier sur un vaisseau de l'Etat.

Cependant un avocat d'Alger « reçoit le sceptre de ses concitoyens » et se proc'ame gouverneur civil et militaire...

Cette réaction, aussi folle que criminelle, ne tarde pas à porter ses fruits.

Mokrani, officier de la légion d'honneur, bach-agha de la Medjana et dont la famille avait toujours été l'alliée fidèle de la France, donne sa démission. « Je ne veux pas, dit-il, obéir au gouvernement civil.»

Enfin, le décret du 24 octobre de M. Crémieux sur la naturalisation des israélites met le feu partout :

« Quoi, disent les indigènes, ces Juifs qui ne payent pas l'impôt, ne connaissent pas l'odeur de la poudre, deviennent les égaux des enfants de France, tandis que nous qui avons envoyé 20,000 des nôtres à son secours, nous qui donnons tout notre or au Beylich, on nous traite en vaincus..... »

« Ce qui me vient de la main d'un juif je ne saurais l'accepter, écrit un chef arabe à M. Crémieux, je préférerais le recevoir de la main d'un soldat, dût-elle me frapper ! »

Depuis cette époque l'insurrection n'a fait que grandir.... Née dans la province de Constantine, travaillée par les agents de Tunis, elle s'est propagée dans celle d'Alger et menace Oran.....

Nous le répétons, malgré nos désastres, malgré nos troubles sanglants nous aurions pu très-probablement, vu la rapidité des faits, éviter ce nouveau malheur sans l'insanité de que'ques brouil'ons de parole : « Avocats ambitieux et vains, qui n'ont d'autres patriotisme que leurs récriminations haineuses et leurs rancunes calculées..... »

En tout cas, jamais, depuis la chute d'Abd-el-Kader, la France n'a eu à réprimer un aussi formidable soulèvement.

Nous citons ces faits pour mieux faire comprendre combien a été impolitique et imprudente la mesure d'émancipation des israélites algériens. Est-il besoin d'ajouter que nous condamnons absolument ces fatals préjugés, triste conséquence de la barbarie et d'une oppression de plusieurs siècles.

des Européens offre, en outre, par sa réunion une masse assez forte pour résister aux tentatives de l'extérieur comme aux mouvements de l'intérieur.

A première vue, et d'une façon toute générale, nous indiquerons comme particulièrement aptes au peuplement européen la plaine de la Métidja, la vallée de Chéliff et comme point de raccordement la vallée de l'Oued-Ger. En utilisant par des barrages, réservoirs, les divers cours d'eau du versant nord de l'Atlas, on ferait de la Metidja un vaste et riche jardin : elle redeviendrait ce que les Arabes l'avaient appelée avant l'arrivée des Turcs, *la Mère des Pauvres.*

La canalisation et l'aménagement des eaux du Chéliff donneraient à l'agriculture 80,000 hectares d'excellentes terres susceptibles de produire du coton, qui pourrait être mis en œuvre sur place, à l'aide de moteurs mus par les eaux.

A défaut des grandes compagnies, qui n'ont d'ailleurs donné aucun résultat dans ce pays, à défaut de grands industriels, l'Etat devrait prendre en main cette magnifique entreprise, qui pourrait être promptement menée à bonne fin avec les bras de l'armée (1).

En tout cas, si l'État faisait appel aux capitaux des particuliers, il serait nécessaire de garantir un intérêt de 5 p. 100 aux fonds engagés. Il est évident, et nos chemins de fer l'ont prouvé, que, sans cette garantie, les grands capitaux ne s'engageront qu'avec défiance en Algérie, où le petit cultivateur, le propriétaire parcellaire, a seul pu jusqu'à présent obtenir quelques résultats.

Là, comme dans toute espèce de colonisation, la ques-

____

(1) A ceux qui objectent la difficulté de faire travailler l'armée, nous rappellerons non-seulement ce qu'elle a fait en Algérie, mais encore les magnifiques travaux qu'elle a exécutés sous d'énergiques t intelligentes impulsions. Avec Marmont, par exemple, en Illyrie, où ces travaux font encore aujourd'hui la fortune du pays.

tion des terres est la pierre d'achoppement, le fait primordial et dominant. Nous ne connaissons qu'un seul moyen équitable ; acquérir de gré à gré les terres des usagers ; ou par voie d'expropriation publique.

Le premier mode a l'avantage d'être moins radical, par conséquent froisser moins les indigènes, en évitant de rappeler à des tribus depuis longtemps soumises et fidèles le fait brutal de la conquête. Rien d'ailleurs ne devrait les proscrire des zones plus spécialement affectées aux colons.

La colonisation européenne, ainsi installée d'une façon compacte et homogène dans une zone voisine du littoral, offrirait, outre de grands débouchés à nos industriels ou cultivateurs émigrants, l'avantage de pouvoir immédiate·ment reporter en avant nos forces disponibles, toutes nos administrations militaires et la masse des non-combattants, non-seulement inutiles, mais même encombrante à Alger; cette masse fournirait par les familles qu'elle emmène avec elle, un noyau très-respectable de population (1), en même temps que de véritables garnisons effectives pour nos postes intérieurs.

Afin de concilier deux ordres d'idées que de stériles discussions ont fini par rendre presque inconciliables, les fortes agglomérations européennes que nous voudrions voir créer seront exclusivement régies par le droit commun. L'autorité civile seule y commandera et administrera dans toutes les branches de ses divers services. Nous verrons ainsi, en donnant satisfaction à l'opinion publique, ce que peut produire en ce pays le gouvernement civil complétement abandonné à lui-même.

Mais cette même autorité civile ne pourra, en quoi que ce soit, et sous quelque prétexte, s'immiscer dans les choses et l'administration des territoires militaires.

(1) Le chiffre des officiers sans troupe, soldats détachés, secrétaires, copistes, employés, etc., s'élève à Alger à l'effectif officiel de 4,500.

Le commandement devant rayonner du centre aux extrémités, le chef-lieu de la division et les grandes administrations de la guerre seraient transférées à Médéa ; cette circonstance du commandement, placé au centre du pays, n'a pas été sans influence sur la paix dont a presque toujours joui la province de Constantine.

On laisserait à Alger les garnisons nécessaires pour le service de la place, les escortes et le service d'honneur du gouverneur général. Au prix énorme qu'ont atteint les immeubles dans la ville d'Alger, le gouvernement ferait une excellente affaire en vendant nombre de bâtiments militaires devenus vacants (1).

On en retirerait et au delà les sommes nécessaires au déplacement des administrations et à leur installation dans de nouveaux locaux, sur des points où la propriété n'a encore qu'une minime valeur.

C'est ainsi que, sans frais, on établirait en territoire militaire la force inactive mais nécessaire de l'armée qui, d'encombrante et superflue qu'elle est à Alger, où la vie est chère, deviendrait utile et productive dans les nouveaux centres.

Nous n'insisterons pas sur les avantages généraux d'une pareille mesure. Les voitures publiques, le roulage, le commerce de détail, l'augmentation de la production par celle de la consommation, etc., etc. Des intérêts multipliés relieraient de jour en jour davantage les points extrêmes occupés par les troupes, le centre habité par nos administrateurs et leurs familles au littoral, siége du commerce d'importation et d'exportation.

Il y a un instant, nous avons parlé de la nécessité d'avoir une colonisation européenne homogène et compacte sur les territoires délimités. Nous devons en démontrer

______

(1) Tels sont les divers locaux occupés au centre de la ville par les intendances, le génie, l'artillerie, les magasins centraux, les subsistances, le campement, etc.

l'absolue nécessité. Elle découle nécessairement des erreurs commises jusqu'à présent en matière de colonisation algérienne.

En effet, qu'avons nous fait jusqu'à ce jour ? créé des villages, éparpillé ça et là des hameaux, parfois en dehors de toute communication sur des territoires d'une fertilité douteuse et, qui pis est, dans des localités souvent même insalubres et manquant d'eau.

Qu'en est-il résulté ?

Outre une mortalité regrettable, des ruines et des mécomptes..... nous avons gaspillé des millions sans autre résultat que de discréditer par des échecs réitérés l'œuvre de la colonisation européenne. Nous nous sommes trouvés contraints d'immobiliser des troupes pour protéger des colons dispersés, de construire des établissements administratifs pour des administrés qui n'existaient pas, d'organiser une gendarmerie coûteuse, un service médical et religieux considérable. Le tout sans profit pour le présent ou l'avenir.

Tant d'efforts de travaux et d'argent réunis sur un petit nombre de points auraient donné des résultats sérieux ; car les colons agglomérés auraient retiré non-seulement des avantages considérables de toute association puissante, mais ils auraient été mieux soignés, moins exposés aux influences insalubres. Le travail de chacun eût profité à tous. Les efforts et la sollicitude de l'administration se seraient concentrés sur eux.

Au point de vue militaire ils auraient offert, moins par leur milice que par leur force effective, des centres que les indigènes n'auraient jamais songé à attaquer.

Quelles ressources précieuses ne retirerait-on pas de tels centres de colonisation !

Médéa, 20 mai 1865.

DEUXIÈME PARTIE

Tous les systèmes préconisés aujourd'hui se proposent pour but le fusionnement et l'assimilation des indigènes. Nous ne croyons pas à la possibilité d'un pareil résultat ; notre opinion est basée sur les enseignements de l'histoire.

Les Romains ont occupé l'Afrique septentrionale pendant près de six cents ans ; ils n'avaient pas à lutter contre le fanatisme musulman, ils étaient maîtres du monde civilisé, et, certes, personne ne songera à contester leur merveilleuse aptitude d'assimilation. Cependant durant cette longue période d'occupation, nous les voyons maîtres absolus du littoral africain, de l'Océan à la mer Rouge, et en lutte perpétuelle avec les populations de l'intérieur.

Ainsi, prenant la période de l'occupation romaine, à la mort de Massinissa, l'an 184 avant J.-C., nous voyons :

An 112 avant J.-C. — Jugurtha est livré à Sylla.

An 88. — Sylla charge Pompée de pacifier l'Afrique.

An 49. — Cursius, lieutenant de César est chargé d'enlever l'Afrique à Varus et à Juba.

An 47. — César débarque à Adrumète.

An 46. — Après la bataille de Thapsius, César réduit la Numidie en province romaine.

An 25. — Auguste, fatigué et découragé par les difficultés de régir les contrées barbares de l'Afrique occidentale, se décide à leur rendre un roi national. En l'an 25

Juba, fils du vaincu de Thapsius, épouse Cléopâtre Sélène, fille d'Antoine et de la fameuse Cléopâtre, et Auguste lui rend les États de son père.

An 17. — A cette époque, Auguste reprend à son élève la Numidie, la réduit de nouveau en province romaine et donne, à Juba, les Maures farouches, les Gétules indomptés. Ce nouveau royaume comprenait tout ce qui s'étendait à l'ouest du port de Saldae (Bougie).

An 6 de l'ère chrétienne. — Dans les commencements, Juba est inquiété par les Gétules; Auguste est contraint d'envoyer à son secours des légions romaines. Cornelius Cossus qui les commande est vainqueur et prend le titre de Getulicus.

Le reste du règne de Juba est paisible, il établit sa résidence à Césarée (Cherchell) et meurt l'an 23 de notre ère.

An 17 de l'ère chrétienne. — Grande révolte de Tacfarinas, sous le règne de Tibère.

Ans 20 à 22. — Tacfarinas est refoulé dans le désert.

An 24. — Publino Dolabella surprend Tacfarinas près d'Auzia (Aumale).

An 40. — Révolte d'Edimon, affranchi du roi Ptolémée. Suetonius Paulinus pénètre dans la Getulie.

An 50. — Sidius Géta, successeur de Paulinus, poursuit le Maure Sabatus jusqu'aux confins du grand désert. L'empereur Claude, après avoir fait pacifier le pays, divise la Mauritanie en Césarienne (province d'Alger), et Tingitane (province d'Oran et Maroc). Sous Dioclétien, on forme une troisième province dite Sitifienne (province de Constantine, avec Sétif pour capitale).

An 120. — Révoltes fréquentes indiquées par les auteurs romains et notamment par Spartianus, qui raconte que, sous l'empereur Adrien, un certain Susinus Quetus soulève plusieurs tribus des Mauritanies et est vaincu par Martius Turbo.

An 140. — L'historien Pausanias nous apprend que l'empereur Antoine force les Maures rebelles à demander la paix.

An 150. — L'historien Capitolinus nous apprend que l'empereur Marc-Aurèle est obligé, par les révoltes fréquentes des Barbares, à réunir les pouvoirs civils et militaires aux mains d'un procurateur.

An 200. — L'Afrique donne à Rome l'empereur Septime-Sévère ; les populations africaines, fières de cet honneur, envoient à Rome, comme don de joyeux avènement, des quantités considérables de grains et d'huile, qui sont distribuées au peuple Ces dons se renouvellent à l'avènement des empereurs qui succèdent à Septime-Sévère et de là peut-être l'origine de ce dicton : « l'Afrique est le grenier de Rome. »

An 235. — Alexandre Sévère est assassiné par le Goth Maximin ; l'Afrique se soulève sous l'impulsion du vieux Gordien.

An 277. — L'historien Flavius Vosuscus nous apprend que Probus, avant d'être empereur, fit glorieusement la guerre en Afrique et tua de sa main un chef de tribu redoutable nommé Aradion.

An 286. — Les historiens Aurelius Victor et Claudius Mamertinus nous apprennent que l'empereur Maximien Hercule parvient à vaincre et à soumettre les Quinquegentiens (Berberes du Jurjura), qui pillaient le reste de l'empire. Cette insurrection qui éclate après une occupation d'une durée de plus de 300 ans est l'une des plus terribles de la période romaine ; pendant un instant elle tint en échec toutes les ressources militaires de l'empire.

Ans 308 à 311. — Un usurpateur nommé Alexandre, Pannonien d'origine, se maintint trois ans en Afrique ; l'empereur Maxime envoya contre lui Volusonius, préfet du prétoire.

An 322. — L'empereur Constantin, touché par le malheur des populations (misère telle que les parents en étaient réduits à vendre leurs enfants), rend un édit qui supprime pour les provinces agricoles les tributs de blé et d'huile qu'elles s'étaient imposées volontairement sous Septime Sévère.

Ajoutons que, peu d'années avant le commencement de l'ère chrétienne, la misère était toute aussi grande, et l'historien Salluste, proconsul de la Numidie (la Tunisie et la province de Constantine, c'est-à-dire la partie la plus riche de l'Afrique septentrionale), se plaint amèrement de la misère de ses administrés ; il déclare qu'il ne comprend pas comment Rome s'obstine à sacrifier ses trésors et ses légions pour maintenir l'occupation d'un pays qui, en échange de si lourds sacrifices, n'envoie à la mère-patrie que quelques fanéques d'orge et quelques mesures d'huile.

An 326 de notre ère. — Constantin est obligé de réprimer en personne la révolte fomentée par les Donatistes et les Circoncellionistes.

Ans 371 à 375.—Grande insurrection de Firmus racontée par l'historien Ammien Marcellin. Elle est combattue par le comte Théodose, général de l'empereur Valentinien. Elle embrasse la Numidie et la Mauritanie sitifienne et césarienne, c'est-à-dire presque toute l'Algérie actuelle. Nous voyons figurer, comme théâtre de l'action : Césarée (Cherchell), Paudana (entre Bône et Bougie), Tubrusuptus (Tikla, entre Djidjelli et Constantine), Montagnes de fer (Jurjura), Massinensis (tribus de la rive droite de l'Oued-Sahel), Fundus Petrensus (dans la vallée de Sebaou), Icosium (Alger), Monts Transcellensis (Djebel Doui), fort Tingitanus (Orléansville), Monts Ancorarius (Ouarensenis), Auzia (Aumale), monts caprariens (probablement Djebel Sahary), Isaflenses, (Flissas), Castellum Medianum (Médéah), Duodiense (peut-être Sourdjouab).

An 397. — Gildon, frère de Firmus, prend les armes et prétend à la souveraineté de l'Afrique, Stilichon, lieutenant de l'empereur Honorius, confie la conduite de la guerre à Mascezil, autre frère de Firmus.

Beaucoup d'Éthiopiens et de Gétules dans l'armée de Gildon; il est vaincu et livré aux Romains dans le port de Tabraca (entre la Numidie et la Mauritanie).

De 397-429. — Ces dernières années de l'occupation romaine sont marquées par les révoltes sans cesse renaissantes des donatistes, pélagiens, ariens et autres schismatiques contre l'empire orthodoxe; mais la religion n'est encore là qu'un prétexte, c'est l'esprit de révolte, d'indépendance, de ces indigènes indomptables qui apparaît sous une nouvelle forme. M Saint-Marc Girardin a parfaitement défini cette situation dans son remarquable travail : *l'Afrique sous saint Augustin.*

« Il y a, dit-il, dans le donatisme quelque chose qui ca-
» ractérise l'Afrique en général; c'est l'indépendance à
» l'égard des Européens, c'est la haine de l'unité, soit de
» l'unité temporelle de l'empire, soit la haine de l'u-
» nité religieuse de l'Église..... Dans le donatisme, ce
» n'est point, comme dans la plupart des hérésies, l'indé-
» pendance de l'esprit humain qui est en cause, c'est
» l'indépendance de l'Afrique; et ce qui achève de le
» prouver c'est que les tentatives de révolte que font quel-
» ques gouverneurs d'Afrique, entre autres le comte Gil-
» don, en 397, sont appuyées par les donatistes. Ils sont les
» alliés naturels de quiconque veut rompre l'unité de
» l'Empire dans l'ordre politique, comme ils veulent le
» rompre dans l'ordre religieux.

» Le donatisme est, au quatrième et au cinquième siècle,
» un témoignage expressif de l'originalité que l'Afrique a
» gardé sous toutes les dominations. Dans le donatisme,

» cette originalité a été jusqu'au schisme en religion, et
» elle se ralliait volontiers à la révolte politique. »

An 429. — Le comte Boniface, gouverneur de l'Afrique
romaine, se révolte contre l'empereur Valentinien et appelle à son aide les Vandales qui occupaient l'Espagne;
50,000 hommes, sous la conduite de Genséric, débarquent
sur les côtes de la Mauritanie.

» Les cantons de la Mauritanie qui bordent le grand dé-
» sert et l'Océan atlantique, fourmillaient d'une race
» d'hommes hardis, dont le caractère sauvage avait été
» plus aigri que corrigé par la terreur des armes romai-
» nes... Lorsque les Vandales eurent vaincu les premières
» difficultés qui naissent de l'ignorance mutuelle d'un lan-
» gage inconnu, les Maures embrassèrent sans hésiter l'al-
» liance des ennemis de Rome, une foule de sauvages nus
» sortirent de leurs forêts et des vallées du mont Atlas
» pour rassasier leur vengeance sur les tyrans civilisés qui
» les avaient chassés de leur pays natal. » (Gibbon, *Histoire de la Décadence et de la Chute de l'Empire romain.*)

Pour expliquer les effroyables excès auxquels se livrè-
rent alors les Barbares, on est obligé de supposer qu'ils
furent animés, dans leur œuvre de destruction, par la rage
aveugle des Maures et l'esprit de vengeance des donatistes
persécutés ; ce fut ainsi que les Vandales brûlant et re-
brûlant tout dans les trois Mauritanies arrivèrent au
fleuve Ampsaga, qui devait être, aux termes du traité
conclu avec Boniface, la limite de leur empire. Bien-
tôt ils franchissent cette barrière et envahissent la Numidie; Boniface, réconcilié avec l'impératrice Placidie, négo-
cie avec ses anciens alliés ; il essaye vainement, à l'aide de
grandes promesses, de les renvoyer en Espagne; forcé de
recourir à la force, il est vaincu près de l'Ampsaga et se
réfugie avec les débris de son armée dans la ville d'Hippone.

An 431. — Prise d'Hippone.

An 439. — Prise de Carthage.

An 477. — Mort de Genséric. Quand Genséric mourut, son autorité était reconnue en Afrique depuis l'Atlantique et Ceuta jusqu'à la frontière de l'ancien empire carthaginois, c'est-à-dire jusqu'aux autels des Philènes. Mais en certains lieux, dans les trois Mauritanies, par exemple, et dans la Tripolitanie, la domination des Vandales ne s'exerça pas au loin dans les terres, souvent même elle ne s'étendit qu'aux villes de la côte. Toutefois, il faut dire que, par la nature de ses relations avec les Maures, Genséric mit ses frontières du Sud à l'abri des attaques et des invasions. Pour tourner à son profit et à l'avantage de ses Etats l'ardeur de cette nation hardie et remuante, il l'associa à toutes ses entreprises. Il plaça des Maures dans les rangs de ses soldats, sur ses vaisseaux et dans ses garnisons. Il payait leurs services, et de plus, il les excitait aux pirateries, en leur faisant, au retour de chaque expédition, une part dans le butin. Ce fut ainsi qu'il préserva la partie méridionale de son royaume de continuelles invasions, et qu'il s'aida pour l'accomplissement de ses desseins et pour ses agrandissements, de ceux-là même qui par leur position, leurs mœurs et leurs besoins devaient être ses plus implacables ennemis, mais que des circonstances fortuites et une haine commune contre les Romains avaient rendus momentanément ses alliés. Grâce à ces moyens, la puissance de Genséric en Afrique fut plus forte et plus étendue que celle des empereurs romains qu'il avait remplacés. (Papencourt, liv. III, chap. 1, et Marcus, page 285 et suivantes.)

De 477 à 533. — Les Maures que la main puissante de Genseric avait à peine contenus, se levèrent en armes contre ses successeurs, et ils commencèrent dès lors une guerre sans fin contre les Vandales dégénérés. M. Marcus a parfaitement suivi et rendu le caractère général de la lutte que les Vandales eurent à soutenir contre les Maures leurs agresseurs : « c'était, dit-il, une suite continuelle de petites » guerres de partisans, dont les côtes de la Tripolitanie, les » parties basses de la Bizacène, les montagnes d'Aurès et » le haut plateau borné au sud par ces dernières, au nord » par le petit Atlas, à l'est par le Bagradas ou Mejeida et à » l'ouest par le lac Chott, et par le cours supérieur de » l'Ajibbi, furent le principal théâtre. Les Maures étaient » d'ordinaire les agresseurs, dans ces guerres ; et ils les en- » treprirent dans les premiers temps pour devenir maîtres » absolus des chaînes de montagnes et des plateaux où » vallées qu'elles renferment, et plus tard s'enrichir par le » pillage au frais des habitants romains de la côte et des » parties peu élevées de l'intérieur du pays. »

Par suite de ces luttes continuelles, la domination vandale était singulièrement affaiblie au commencement du sixième siècle, et Justinien, empereur d'Orient, résolut d'en profiter pour faire rentrer l'ancienne Afrique romaine sous sa domination. Son lieutenant Bélisaire, à la tête de dix mille fantassins et de cinq mille cavaliers, débarque aux environs de Carthage ; secondé par les nombreux auxiliaires que lui fournissent les populations indigènes hostiles aux Vandales, il triomphe facilement de l'armée ennemie, commandée par Gelimer, qui se réfugie à Midenos sur le mont Papua (Edough actuel), et après un long blocus, ce prince est obligé de se rendre à discrétion. Avec lui finit la période de la domination vandale en Afrique, et commence la période byzantine.

An 535. — Les vaisseaux de Bélisaire avaient à peine levé l'ancre, que déjà un soulèvement général se manifestait sur toute la frontière ; les postes romains dans la Bizaïenne et la Numidie trop faibles encore pour arrêter le torrent, étaient battus et les barbares dévastaient tout le pays. Cette situation se perpétue pendant toute la période byzantine, et

nous relevons dans l'historien Jean de Valibara les détails suivants : « En 568, Théodore, préfet d'Afrique est tué par
» les Maures; en 569, Théoctiste, maître de la milice des
» provinces africaines est défait et massacré par les Maures ;
» en 570, Amabilus, maître de la milice d'Afrique est tué par
» les Maures, en 577, Gennadius, maître de la milice en
» Afrique châtie les Maures ; il bat le puissant roi Gasmus,
» qui déjà avait tué les trois commandants susnommés de
» l'armée romaine, et il frappa de son glaive ce roi lui-
» même. »

An 597. — En cette année, les Maures tentent une insurrection générale, et ils marchent sur Carthage avec des forces redoutables, mais Gennadius, préfet du prétoire parvint à les surprendre au milieu d'une fête où ils se livraient à de copieuses libations et les tailla en pièces.

An 647. — Les Arabes s'emparent de la Cyrémaïque et de la Tripolitaine.

An 658. — Un traité partage l'Afrique, le chef Moawiah se soumet à payer un faible tribut ; en 666 ou 670, ce même Moawiah prend la ville de Kairouan, qui devient le siége de la domination musulmane en Afrique.

An 697. — Carthage est détruite par Hassan, le nom grec et romain est effacé de l'Afrique, qui retombe dans la barbarie la plus complète ; dès lors l'état d'anarchie se perpétue jusqu'à nos jours, même pendant la période de la domination turque.

Cette rapide analyse historique suffit pour démontrer d'une manière incontestable que pendant la longue période de l'occupation romaine, vandale et byzantine, la lutte a été perpétuelle entre les conquérants et les indigènes : ceux-ci ont été fréquemment domptés par la force, jamais soumis moralement, ceux-là n'ont pu soutenir leur domination qu'en faisant souvent appel aux ressources de la mère-patrie ; et bien rarement, pendant cette occupation de plusieurs siècles, les résultats obtenus ont compensé les sacrifices.

Les Carthaginois, les Espagnols n'ont pas été plus heureux, les Turcs seuls paraissent avoir réellement tiré parti de leur occupation, et encore seulement à l'époque où leurs hardis pirates exploitaient fructueusement la Méditerranée ; à l'intérieur, ils ne sont parvenus à se maintenir qu'à la condition d'entretenir la division entre les peuplades indigènes et en intéressant certaines tribus particulièrement guerrières au maintien de leur pouvoir, l'on peut donc affirmer qu'à toutes les époques, sous toutes les dominations connues, les indigènes de l'Afrique septentrionale se sont montrés réfractaires à toute fusion, à toute civilisation.

Est-il permis de supposer que nous réussirons là où tant d'autres ont échoué avant nous ! Sommes-nous dans des conditions meilleures que les Romains, nous qui ne possédons de ce littoral que la partie la plus pauvre de l'occupation romaine, nous qui, dans toute l'étendue du territoire, avons à lutter contre le fanatisme musulman, élément de force si puissant ajouté à l'esprit de révolte et d'indépendance qui a toujours caractérisé ces peuplades barbares. La Tunisie et le Maroc, les profondeurs du Sahara, placés sur nos flancs et nos derrières, ne seront-ils pas éternellement de vastes foyers où ce fanatisme entretiendra en permanence des éléments de désordre et de résistance indomptable ?

A ces enseignements tirés de l'étude du passé, nous devons, pour achever d'éclairer la situation, ajouter le résultat de notre propre expérience et de nos observations.

Pendant quinze années, nous sommes resté sur cette terre algérienne, non pas dans les grandes villes, où domine l'élément européen, plus ou moins mélangé aux débris abâtardis des anciens dominateurs du pays; mais toujours aux avant-postes les plus rapprochés de la Kabylie ou du Sahara.

Après avoir pris part aux luttes actives des premières années de notre conquête, avoir contribué dans notre petite sphère à la ruine et à la soumission d'Abd-el-Kader, nous nous sommes, plus tard, occupé sérieusement de l'organisation et de l'administration des indigènes. Pendant cette période de notre séjour en Algérie, nous avons parcouru le pays en tous sens; vivant plus souvent sous la tente et le gourbi que dans nos maisons européennes, nous avons été à même de voir dans leurs moindres détails, les mœurs, les tendances, l'esprit des indigènes. Nous nous sommes également occupé de la colonisation européenne, et après avoir préparé l'installation de nombreux villages, nous avons aidé à leur création, nous en avons suivi avec un vif intérêt le développement plus ou moins prospère, en un mot, nous avons mis toutes les forces de notre intelligence au service de cette œuvre de civilisation qui intéresse à un aussi haut degré la patrie.

L'on comprendra donc facilement que c'est avec une douleur profonde que nous arrivons à énoncer les tristes vérités qui vont être les conclusions de ce travail. Mais en cela nous croyons faire acte de bon citoyen. Il faut enfin déchirer le voile, il faut que la France connaisse sous son véritable jour cette Algérie, objet de si séduisantes espérances et de si cruelles déceptions.

Alors, seulement alors, elle aura conscience de ce qu'elle fait, et voyant le but qu'il est permis d'atteindre, elle pourra librement mesurer les sacrifices et les proportionner au résultat réalisable.

On comprendra peut-être enfin que le régime du sabre, les vices de tel ou tel système, l'insuffisance des agents chargés de l'appliquer, ne sont pas l'unique cause du trop lent développement de notre colonisation.

Malgré tous les soins et l'habileté du jardinier, la plante ne peut croître rapidement sur un sol maigre et manquant de fond.

L'Algérie est aujourd'hui ce qu'elle était au temps de Salluste, au temps de Constantin ; elle présente dans son ensemble un sol d'une fertilité médiocre (1). Elle est complétement dépourvue de cours d'eau flottables ; elle manque généralement de grandes forêts et même, sur d'immenses espaces, de simples broussailles et de tout combustible ; le terrain est très-accidenté, coupé par de profonds ravins desséchés pendant la plus grande partie de l'année, et torrents impétueux en certaines saisons, il ne se prête pas facilement à l'établissement de bonnes voies de communication.

Sur ce sol tourmenté et inégal, l'agriculteur doit non-seulement lutter contre les difficultés que rencontre, sous tous les climats, sa pénible profession, mais en outre contre des fléaux désastreux, qui trop fréquemment viennent détruire le résultat des plus durs labeurs et mettre à néant les plus belles espérances. Tels sont : l'irrégularité des phénomènes climatériques, la sécheresse extrême, les pluies torrentielles et, dans certaines régions :

---

(1) Il est vrai que sur quelques points, en certaines plaines et certaines vallées, là où la réunion d'une épaisse couche de terre végétale, avec l'eau et soleil, présente des conditions exceptionnellement favorables, la végétation est luxuriante ; elle frappe d'admiration les yeux des touristes ; et en effet sur ces points privilégiés, la terre donne les produits les plus riches et les plus variés.

Mais ce sont des exceptions, des points isolés sur l'ensemble, et encore il arrive trop souvent qu'un autre obstacle se présente pour arrêter fatalement le développement rapide de la colonisation, ces plaines si belles, si riches en apparence, sont d'une insalubrité telle que nos colons européens ne peuvent en faire définitivement la conquête qu'après y avoir sacrifié plusieurs générations.

la neige et la glace ; les inondations, les sauterelles, les mouches, les tremblements de terre, les épidémies, les épizooties.

Voilà ce que nous avons pu observer trop fréquemment pendant notre long séjour sur cette terre algérienne que nous aimions avec toute la bienveillante ardeur de la jeunesse, et qui, pendant bien longtemps, a été l'objet de nos rêves et de nos illusions.

Ne croyant plus à la possibilité du développement rapide et complet de la colonisation européenne, pas plus qu'à la soumission définitive des Arabes et des Kabyles ; convaincu cependant que l'honneur, l'intérêt de la France lui commandent impérieusement de poursuivre son œuvre de civilisation et de rester toujours maîtresse absolue du littoral algérien, nous avons dû rechercher le système d'occupation (non pas de colonisation) le plus sûr, le moins dispendieux pour la mère patrie, et c'est le résultat de ces recherches qui se trouve exposé dans la première partie de ce travail.

Strasbourg, 10 novembre 1869.

NOTE A

DES SPAHIS

Un examen attentif de l'application du réglement de 1862 sur la constitution, le régime spécial des smala de régiment de spahis, nous a permis de recueillir d'une manière officielle les renseignements suivants, et de constater d'une mánière irréfutable les tristes résultats obtenus jusqu'à ce jour.

ART. 8.

Combien de fils de chefs arabes? — 8.
Combien de chefs ou fils de chefs de tente? — 387.

ART. 9.

Combien d'officiers ayant des aptitudes particulières pour imprimer une impulsion salutaire à l'agriculture et à l'amélioration des diverses races d'animaux? — 8 officiers, sans avoir précisément des aptitudes spéciales, s'occupent cependant avec goût et intérêt de ces divers travaux.

ART. 10.

Combien d'officiers français parlent facilement l'arabe? — 6 sur un effectif de 68.

ART. 15.

Combien d'hectares mis réellement à la disposition de chaque spahi? — **9 au lieu de 15 à 18.**

ART. 24.

Combien de spahis ont cherché à s'instruire dans les bonnes méthodes d'agriculture? — 0.

Combien ont essayé de se servir des instruments aratoires perfectionnés? — 0.

Quels sont les résultats obtenus par les moniteurs de culture? — Les moniteurs ont cherché à initier 30 indigènes à nos méthodes de culture: mais ils ont rencontré une telle résistance, une force d'inertie si absolue, que les résultats obtenus sous ce rapport sont absolument nuls. Tous les travaux de plantations et de cultures industrielles ont été faits par 213 ouvriers militaires empruntés à l'infanterie et ayant donné 5461 journées de travail. Il n'est même pas possible de compter sur les indigènes pour l'entretien des plantations, vignes, etc...

Quels sont les résultats obtenus pour initier les spahis à la culture des fourrages artificiels? — Les travaux de fauchaison des prairies naturelles ont toujours été faits par des ouvriers militaires français; il n'a pas été possible d'obtenir le moindre aide de la part des indigènes.

ART. 28.

Combien de sous-officiers et soldats indigènes ont suivi avec assiduité les cours des écoles et ont appris quelque chose? — 11.

Combien coûte un régiment de spahis à l'effectif réglementaire de (1,100) dans une année? — 1,721,471 fr. 65 c., soit 1,564 fr. 97 c. pour chaque spahi; et si l'on déduit 275 Français (35 par escadron et 65 pour les pelotons hors rang) des 1,100, il reste 825 indigènes qui, par le fait, reviennent chacun à 2,086 fr. 63 c., puisque les Français forment les cadres, sous-officiers comptables, ouvriers du peloton hors rang, trompettes, ordonnances d'officiers, maréchaux-ferrants, moniteurs de culture. En déduisant l'annuité de la valeur du cheval fourni par les spahis, l'on peut calculer une somme de 2,000 fr. pour chaque cavalier indigène.

Maintenant, si l'on examine le genre de service fait par ces cavaliers indigènes qui coûtent si cher à l'État, on verra que 226 sont employés en permanence dans les bureaux arabes de la province d'Alger; que pendant nos expéditions, les 4/5 de ceux restés présents aux escadrons sont dispersés pour être employés à des services spéciaux : conduite de convois, guides, courriers, escortes, etc., à tel point que, pendant nos dernières expéditions, sur deux escadrons employés dans la colonne du sud, le chef d'escadrons n'a jamais pu conserver dans le rang plus d'un peloton composé en majeure partie des cadres.

Or, tous ces services spéciaux pourraient être faits et mieux faits par des Meghasni des bureaux arabes faciles, à recruter aux conditions suivantes : solde par jour, 1 fr. et une ration de fourrage représentant à peu près la même valeur, soit 730 fr. par an.

De plus, ces Meghasni, directement à la main des bureaux arabes, seraient mieux recrutés et rendraient d'importants services au point de vue politique, tandis que les spahis enrégimentés sont absolument nuls sous ce rapport.

L'on pourrait donc réaliser sur le service des bureaux arabes de la province d'Alger, seulement, une économie de 287,020 fr. puisque 226 spahis coûtent annuellement 452,000 fr., tandis qu'un nombre égal de Meghasni coûterait 164,986 fr.

Veut-on savoir d'ailleurs quelle était, il y a seize ans, l'opinion du général Walsin-Estherazy.

« Mais cette économie, déjà fort considérable, pourrait être
» rendue plus importante encore si l'on voulait apporter la ré-
» forme dans la cavalerie de l'armée d'Afrique elle-même, si l'on
» voulait se décider enfin à examiner sérieusement la question
» des corps réguliers indigènes, corps ruineux, contre l'insti-
» tution desquels de nombreuses réclamations. ont été de tout
» temps formulées, tant par des officiers compétents en ces
» matières que par les inspecteurs généraux de cavalerie mêmes ;
» mais qui, malgré les justes attaques dont ils ont été constam-
» ment l'objet, sont toujours parvenus à se maintenir. En effet,
» dans quel but, avaient été créés, à l'origine, les corps indi-
» gènes ? Ce n'était certainement pas parce que nous manquions
» d'hommes pour remplir des corps dont des officiers français
» formaient les cadres. C'étaient des motifs purement politiques
» qui avaient présidé à leur organisation. On espérait, par ces
» créations, attirer à soi des hommes appartenant aux familles
» influentes des tribus, se les attacher, les rendre, par le frotte-
» ment, moins hostiles, et les renvoyer, après quelques années
» de service dans ces corps, civilisés en quelque sorte par le con-
» tact avec l'élément français qu'on y avait introduit. Si un but

» politique n'avait pas existé, les corps indigènes n'auraient pas
» eu en effet de raison d'être, car personne ne prétendra, je
» suppose, que, militairement parlant, un régiment de spahis
» vaille un régiment français. Or, ce but a-t-il été atteint? Les
» jeunes hommes des familles considérables du pays sont-ils
» venus à nous? Quel a été, en réalité, l'élément indigène qui
» est entré dans ces régiments? Au lieu des fils de famille, n'ont-
» ils pas été recrutés presque uniquement de malheureux, de
» nègres échappés de chez leurs maîtres, de mauvais sujets de
» tribus, de ces hommes à caractères inquiets et turbulents, qui
» ne venaient dans nos rangs que pour échapper à l'autorité
» régulière et légitime de leurs chefs naturels, les agas et les
» caïds? De ceux qui, ayant quelques méfaits à se reprocher,
» venaient y chercher l'impunité comme dans un asile? La
» fusion tentée dans la création de ces corps mélangés, a-t-elle
» fait naître des sympathies ou des animosités? Nous sommes
» loin cependant de contester les services de guerre rendu par
» eux, mais ces services eux-mêmes ne sont-ils pas dûs princi-
» palement aux vigoureux officiers et sous-officiers français qui
» les encadraient? D'ailleurs, en leur rendant, sur ce point,
» pleine et entière justice, nous ajouterons que là n'est pas la
» question. La question est la suivante : ces corps ont-ils rendus
» des services que les régiments français n'eussent pas pu rendre,
» comme éclaireurs, et guides dans les pays que nous ne con-
» naissions pas, dans les reconnaissances pour les renseignements
» à fournir, dans la correspondance à travers le pays ennemi,
» dans les escortes? Non, ces divers services ont toujours été faits
» et pourront toujours être faits, mieux et plus sûrement que par
» les spahis, par les cavaliers auxiliaires marchant à la suite des
» colonnes, par les cavaliers des maghezens, dont nous allons
» nous occuper tout à l'heure. »

NOTE B.

CIRCULAIRE DE M. LE MARÉCHAL BUGEAUD, DUC D'ISLY

EN DATE DU 8 MAI 1846.

Les circonstances me conduisent à vous rappeler ce que j'ai souvent écrit et répété, qu'au milieu du calme le plus parfait, nos troupes et nos moyens de tout genre devaient être préparés, placés et disposés comme au temps où la guerre avait la plus grande activité, comme au temps où Abd-el-Kader pouvait réunir douze à quinze mille hommes ; car, ajoutais-je, la guerre peut renaître d'un instant à l'autre, par le soulèvement du pays tout entier ou d'une fraction considérable ; que si, dans de pareilles circonstances, nous étions décousus, éparpillés, mal approvisionnés dans nos postes, nous offririons à l'ennemi une foule d'occasions partielles de nous faire éprouver des échecs, dont les résultats matériels et surtout moraux auraient les plus graves inconvénients.

Vous savez aussi combien je me suis élevé contre la multiplication des postes permanents, vers lesquels la tendance était presque générale ; on croyait en démontrer la nécessité par une foule de motifs plus ou moins spécieux ; il fallait un poste, disait-on, en tel ou tel endroit pour surveiller le pays, pour l'administrer, pour en avoir des nouvelles et s'assurer si les chefs arabes remplissaient bien leurs devoirs envers nous et envers leurs administrés ; d'autres fois, c'était pour assurer telle ou telle communication pour que les convois et même les voyageurs isolés pussent trouver quelques ressources alimentaires sur leur route, et un abri, le soir, contre les voleurs et les attaques nocturnes.

On ne réfléchissait pas que des besoins de cette nature se faisant sentir sur toute la surface de l'Algérie, il aurait fallu, pour être conséquent, les satisfaire partout et qu'alors toute l'armée eût été immobilisée dans des postes permanents grands et petits.

Serait-il encore nécessaire de répéter que les postes permanents, qui ne peuvent être que très-faibles en raison de leur multiplicité, n'assurent pas les communications et n'ont aucune action sur le pays; qu'ils ne gardent réellement qu'un point; que l'action réelle, la véritable puissance, est dans les troupes qui tiennent la campagne, lesquelles ne conservent leur force dominatrice qu'autant qu'elles ne se subdivisent pas trop, et que chacune des fractions est capable de vaincre toutes les forces réunies de la contrée qu'elle est chargée de maintenir dans l'obéissance; que non-seulement les postes multipliés immobilisent une partie des forces de l'armée, affaiblissent numériquement les colonnes agissantes; mais encore qu'ils absorbent en partie l'action des troupes restées mobiles, puisque celles-ci sont chargées de les ravitailler, de satisfaire à leurs besoins, et souvent d'aller à leur secours, au lieu de faire des opérations utiles contre l'ennemi; que ces secours n'admettant pas de retard, il faut souvent marcher, par le temps le plus défavorable, et que de là peut naître une catastrophe. Enfin que les postes qui ne sont pas d'une nécessité absolue et parfaitement démontrée doivent être très-soigneusement évités, car ils sont une source d'embarras, de faiblesse et de danger.

Les postes-magasins ou de ravitaillement, qui sont indispensables pour favoriser la mobilité des colonnes, n'ayant qu'une faible garnison, ne sont chargés, à proprement parler, que de leur défense; ils ne doivent pas prétendre à la domination du pays qui les environne, car ils en sont parfaitement incapables. Tant que le pays est calme et obéissant, le chef des postes doit sans doute surveiller l'action des chefs indigènes, se faire faire par eux des rapports sur tous les points de leur administration; les faire venir de temps à autre auprès de lui pour se faire rendre des comptes avec détail de la disposition des esprits, de l'état des perceptions, de la police, des amendes, des bruits qui circulent, etc., etc.

Mais ce chef ne doit jamais sortir avec une fraction de son monde, soit pour rétablir l'ordre qui aurait été troublé, soit sous le prétexte de protéger le pays. Il peut tout au plus faire une sortie brusque et de nuit, à courte distance, pour arrêter des hommes signalés comme dangereux ou pour tout autre coup de main partiel jugé nécessaire pour assurer la tranquillité du cercle; mais le détachement qui serait fait dans ces cas fort rares devrait être rentré au point du jour. S'il y a des actes à réprimer chez une tribu ou une grosse fraction de tribu, il faut attendre, pour en demander compte, qu'une colonne vienne manœuvrer dans le pays; c'est alors seulement qu'on peut le faire avec efficacité et sans danger.

Si le pays était menacé d'une insurrection ou de l'envahissement des insurgés voisins, ce n'est pas un détachement de quelques centaines d'hommes qui pourrait prévenir le danger, et il s'exposerait à une destruction complète sans l'espoir fondé d'atteindre le but. Quand une contrée est en fermentation, il est rare que les populations demandent sincèrement à être protégées, et elles sont en général disposées à attaquer les protecteurs. Souvent elles peuvent se protéger elles-mèmes, et si elles sont de bonne foi, ou elles se défendent ou elles s'éloignent du péril. Dans tous les cas, il vaut mieux que le malheur tombe sur elles que sur un un détachement impuissant. Ainsi jamais on ne doit combattre, quand on est maître de ses actions, sans un but utile, raisonné, et même, dans ce cas, sans avoir des chances de succès.

J'ai dit plus haut que les postes permanents n'assuraient pas les communications : je crois utile de démontrer cette vérité. — Qu'entend-on par assurer une communication? — Ce ne peut être, dans la véritable acception du mot, que donner faculté aux petits convois, aux faibles détachements, aux isolés même, de parcourir en sécurité cette communication, car il n'est pas nécessaire de protéger une colonne qui trouve en elle-même une force suffisante. C'est la colonne qui protége et non pas le poste, qui ne peut rien hors de son enceinte.

Comment des postes échelonnés d'étape en étape sur une route pourraient-ils la rendre sûre pour les convois les petits détachements et les isolés? Si ces fractions rencontrent à distance égale entre deux postes un rassemblement très-supérieur à elles, à quoi leur serviront les postes qui sont à trois lieues en avant et trois lieues en arrière? Evidemment elles seront détruites et prises sans même qu'ils en aient connaissance.

Les postes qu'on représente comme propres à assurer les communications ne sont donc qu'une illusion dangereuse. Ils affaiblissent l'armée, ils paralysent son action et ne remplissent pas le but pour lequel on les constitue. Il n'y a qu'une manière d'assurer les communications : c'est de bien dompter les pays à droite et à gauche, et, dans certains cas, de couvrir la communication par une colonne postée en agissant sur le côté le plus menacé.

La réunion en une seule colonne de tous les postes qu'on échelonnerait d'après la routine sur une communication l'assurera beaucoup mieux, si cette colonne manœuvre convenablement, que le ferait la division des forces des postes permanents. Ces principes excluent-ils les postes d'une manière absolue? Non, assurément. Le principe de mobilité exige quelques postes de ravitaillement. Loin d'être contraires au système, ils le développent, car ils favorisent singulièrement la mobilité des colonnes quand ils sont convenablement placés. Prenons sur notre ligne intérieure un exemple pour le démontrer.

Une colonne part de Tlemcen ou de tout autre point pour opérer dans le Sud, c'est-à-dire dans le petit désert; si, quand elle a fini ses vivres et ses munitions, elle est obligée de venir se ravitailler à son point de départ, elle abandonne ses opérations, souvent dans le moment le plus favorable, elle perd un temps précieux pour l'action; ces marches improductives fatiguent beaucoup les hommes et les chevaux. Il faut donc qu'elle trouve plus près d'elle un point pour se ravitailler, y déposer ses malades, ses blessés, et prolonger immédiatement son action; on sait que c'est la continuité des opérations qui fatigue le plus les Arabes et nous fait atteindre leurs intérêts.

Il faut donc quelques postes-magasins bien répartis; mais il faudrait les construire de manière à ce qu'ils puissent remplir leur objet en n'exigeant qu'une garnison de cent ou cent cinquante hommes au plus. Malheureusement, c'est ce que nous n'avons pas su faire, et c'est à quoi il faut que nous arrivions.

Je terminerai ce premier aperçu sur ces importantes questions par des considérations majeures. Supposons, comme cela est arrivé, que l'insurrection éclate sur plusieurs points d'une province ou dans plusieurs provinces en même temps, faut-il se croire obligé de courir partout à la fois pour éteindre l'incendie? Cec serait contraire à toute bonne spéculation de la guerre et aux principes posés depuis longtemps. Notre effectif, quoique nombreux, ne l'est pas assez pour faire face à la fois à tous les dangers survenus et à survenir. Il ne faut donc se subdiviser que dans la mesure de ses forces et de telle sorte que chaque subdivision

soit parfaitement en état de vaincre l'ennemi qu'elle peut rencon-
trer dans le pays où elle doit opérer. Quand elle a vaincu, dompté
celui-ci, elle court à celui-là. En un mot, il faut opérer comme
nous l'avons fait de 1841 à 1843 ; tout le pays était alors insoumis ;
en avons-nous attaqué toutes les parties à la fois? Non ; nous les
avons vaincues successivement ; cette action successive peut d'autant mieux s'appliquer à cette guerre, que les Arabes ne concen-
trent pas leurs forces à de grandes distances.

On n'a généralement à faire qu'aux forces locales d'un certain
rayon ; laissez donc les autres s'agiter dans l'insurrection, et ne
vous croyez pas toujours obligé de courir au feu partout où il se
manifeste. Frappez vite et fort sur le premier foyer principal.

Il ne faut pas non plus se croire obligé d'aller au secours d'un
poste, quand on a des choses plus urgentes à faire ailleurs. Vos
postes-magasins doivent être à l'abri d'un coup de main, et vous
savez que les Arabes n'ont jamais su prendre une simple maison
fortifiée ; ils n'ont aucun moyen pour cela.

Je vous invite, général, à bien faire pénétrer ces principes dans
'esprit de vos subordonnés. C'est l'uniformité de vues et de sentiments jusque dans les derniers rangs de l'armée qui assure le
succès à la guerre et fait éviter des catastrophes de détail.